U0568335

［本书系2021年度上海市教育科学研究项目"基于观察的幼儿主题式结构游戏中深度学习的支持研究"（课题编号：C2021265）的研究成果］

观察·支持·成长：解锁幼儿主题式结构游戏中的深度学习

GUANCHA · ZHICHI · CHENGZHANG:
JIESUO YOUER ZHUTISHI JIEGOU YOUXI ZHONG
DE SHENDU XUEXI

申 晨 著

文匯出版社

　　结构游戏是指幼儿通过操作各种结构材料来创造性地反映周围生活的一种游戏,是幼儿园自主游戏中的一种活动形式。上海市浦东新区王港幼儿园多年来一直坚持"科研兴园",以课题研究为抓手,推进改革和发展,有关结构游戏的研究先后经历了以下五个阶段。

　　第一阶段,以区级课题"幼儿园开展结构游戏活动的研究"为抓手,着重研究了幼儿对结构游戏的兴趣及建构技能的培养。

　　第二阶段,从2007年开始,开展区级课题"开展结构游戏活动　发掘幼儿智慧潜能的研究",以结构游戏为载体,以开发幼儿八大智慧潜能为重点开展了研究;出版了《开启智慧潜能》一书。

　　第三阶段,于2011年确立了区级课题"幼儿园融合性结构游戏的研究",进一步探究如何运用各种教育资源,将结构游戏创造性地融入幼儿的一日生活、学习、运动与游戏中,使幼儿得以更全面、均衡地发展;出版了《小积木　大智慧》一书。

　　第四阶段,聚焦学前教育阶段核心素养,于2016年确立了区级重点课题"基于核心素养培养的幼儿园主题式结构游戏的实践研究",在已有研究的基础上又向前迈进了一步,旨在通过开展主题式结构游戏活动来落实《3—6岁儿童学习与发展指南》,培育幼儿的核心素养;出版了《小积木　大智慧Ⅱ》一书。

　　第五阶段,以"深度学习"为研究的重点。深度学习在教育领域相关概念的首次提出是在20世纪50年代中期。中国对深度学习的研究相对较晚,上海师范大学黎加厚教授(2005)首次提出深度学习的概念,冯晓霞(2016)、王小英与刘思源(2020)、叶平枝(2023)等国内研究者将深度学习的研究对象从初高中学生拓展至3—6岁儿童,并探讨了幼儿深度学习的特征和实践。

学前教育是基础教育的基础,幼儿园必须与中小学一致。那么,幼儿真的能够实现深度学习吗? 幼儿有可能通过什么样的方式来实现深度学习? 教师怎样能看到幼儿的深度学习,如何支持幼儿的深度学习? 如何进一步提高教师的观察与支持能力? 我们在前一轮区级重点课题"基于核心素养培养的幼儿园主题式结构游戏的实践研究"的研究中发现,在主题式结构游戏中,幼儿的深度学习已有所显现。我们觉得以主题式结构游戏为载体促进幼儿深度学习具有非常丰富的教育价值,有利于我园形成持续、有意义的课程体系,进一步提升特色课程质量。

2021年,王港幼儿园的新一轮课题"基于观察的幼儿主题式结构游戏中深度学习的支持研究"立项为市级课题,正式进入研究的第五阶段。本课题旨在通过对幼儿深度学习的概念界定、内涵特征、内容框架、表现水平等内容的全面分析与梳理,不断丰富与完善幼儿在主题式结构游戏中深度学习的相关理论,从而为教师支持幼儿深度学习提供理论依据和实践经验,助推幼儿全面发展。

王港幼儿园的教师到底是如何看待幼儿深度学习的价值,又是如何具体深入开展理论和实践研究的? 让我们一起走进《观察·支持·成长：解锁幼儿主题式结构游戏中的深度学习》一书。

目 录

理 论 篇

实　践　篇

附　　录

理 论 篇

第一章　基于观察的幼儿主题式结构游戏中深度学习的支持研究概述

第一节　相关概念解析

一、深度学习

深度学习是建立在幼儿已有认知基础之上,在与环境互动的过程中积极主动地学习新的知识和经验,并将这些新旧经验整合迁移到新的情境中,在元认知的参与下运用知识与技能解决问题,从而获得成功体验的一种学习方式,包括认知层面(问题解决)、社会层面(人际互动)和动机层面(情感体验)三个维度。

认知层面(问题解决):目标计划、问题意识、信息收集、经验迁移、反思批判、综合评价、多维整合。

社会层面(人际互动):倾听与交流、协商与合作。

动机层面(情感体验):积极主动、专注投入、不畏困难。

二、幼儿主题式结构游戏

幼儿主题式结构游戏是指在一段时间内围绕一个主题来开展的系列活动。其主题是围绕师幼共同的兴趣点而确定的;其内容是依据幼儿的经验、年龄特点和学前阶段课程的教育内容等而进行选择的;其特点是将结构游戏渗透到幼儿园一日活动中,打破领域之间的界限,将结构游戏创造性地融入幼儿的生活、运动、学习及其他各类游戏领域,围绕主题有机连接,体现教师预设和幼儿生成相结合,让幼儿获得与主题相关的经验和能力,使他们得以全面、均衡发展。

三、观察

观察是有目的、有计划的知觉活动，是知觉的一种高级形式。本课题中的观察是指在主题式结构游戏中，教师有目的、有计划地运用行为检核法、时间取样法和事件取样法等观察方法，了解幼儿在游戏中的问题解决、人际互动和情感体验三个维度各关键发展指标的不同表现和发展情况，为支持幼儿的深度学习奠定基础。

四、支持

支持是指为达到一定的教育效果所采取的多种综合的教育方式和方法。通过实践研究，我们梳理归纳出环境支持、提问支持、情感支持和经验支持这四种支持策略。

（一）环境支持

教师要立足儿童视角，积极思考并优化环境创设与材料等资源供给，创设健康安全、开放探索、支持幼儿深度学习的主题式结构游戏环境。

（二）提问支持

教师的有效提问能激发幼儿的兴趣，调动幼儿学习的主动性。教师要引导幼儿观察、思考、探索与创新，并生成独特想法，促进他们的思维发展，支持他们在主题式结构游戏中进行深度学习。

（三）情感支持

教师要运用语言或非语言的形式给予幼儿关注、理解和鼓励，及时发现幼儿的个性表现和游戏需求并提供支持，让幼儿获得积极的情感体验，从而提升他们的自信心，使他们更愿意尝试新事物和面对挑战。

（四）经验支持

教师要引导幼儿作为主体多途径、多方法地获取相关信息和知识，并在游戏过程中提供及时、有效的支持，帮助幼儿积累经验，从而丰富他们的已有经验。

基于观察的幼儿主题式结构游戏中深度学习的支持研究是指教师运用多样的工具和方法,观察、分析幼儿在主题式结构游戏中的外显行为,从而相应地采取有效手段支持并促进幼儿在主题式结构游戏中实现深度学习。

第二节　基于观察的幼儿主题式结构游戏中深度学习支持研究的背景

一、学前教育的高质量发展越来越关注从浅层学习向深度学习的变革

学前教育的高质量发展正逐步聚焦从浅层学习向深度学习的转型。浅层学习往往局限于知识的简单记忆与重复,难以满足幼儿全面发展的需求。而深度学习则鼓励幼儿通过探究、反思与实践,深入理解知识,培养批判性思维、问题解决能力和创新能力。随着教育理念的不断转变,学前教育越来越重视幼儿的主体性和主动性,深度学习恰好契合这一需求。它要求教育者设计富有挑战性的问题情境,引导幼儿通过观察、实验、讨论等方式,主动探索学习内容,形成自己的见解。这一过程不仅促进了幼儿认知能力的提升,还增强了他们的情感体验和社会交往能力。深度学习还强调知识的迁移与应用,鼓励幼儿将所学知识运用到新的情境中,解决实际问题。这种学习方式有助于幼儿形成稳固的知识结构,提升他们的适应能力和创新能力,为未来的学习和生活奠定坚实的基础。

因此,学前教育的高质量发展越来越关注从浅层学习向深度学习的变革。这一变革不仅有助于提升教育质量,还能更好地满足幼儿的学习需求,促进他们的全面发展。

二、主题式结构游戏对促进幼儿深度学习具有独特价值

幼儿主题式结构游戏不管是内容还是过程,都以幼儿为主体,其具有的自主性、操作性、表征性及创造性等特征与深度学习中涉及的理解、应用及评价等学习

要素紧密相连、高度契合。教师可根据幼儿的行为特点观察他们的问题意识、反思批判、综合评价、经验迁移和多维整合等发展指标，进而采取相应的支持策略更好地促进幼儿的深度学习。同时，在深度学习中，幼儿有更多的认知参与、情感投入、创造性解决问题等行为。因此，在幼儿主题式结构游戏中，教师的观察与支持能进一步促进幼儿问题解决、人际互动及情感体验的综合发展。

三、教师在幼儿主题式结构游戏中缺乏有效的观察、识别与支持

主题式结构游戏不仅能够激发幼儿的学习兴趣，还能够促进幼儿在认知、情感、社会性等方面的全面发展。然而在实践中，教师在支持幼儿深度学习方面仍面临诸多挑战，尤其是在有效观察、识别与支持幼儿在主题式结构游戏中的深度学习中明显存在不足。教师在观察幼儿的游戏行为时往往缺乏系统性和专业性。由于缺乏有效的观察工具和方法，教师很难准确捕捉到幼儿在游戏中的深度学习行为表现。这导致教师难以对幼儿的游戏行为进行深入分析，进而无法提供有针对性的支持和引导。教师需要具备高度的敏感性和洞察力，才能准确识别幼儿在游戏中的学习需求和潜能。然而，由于专业知识和经验有限，教师在开展幼儿主题式结构游戏时，有时过于注重结果而非过程，难以把握支持与干预的平衡，这可能会对幼儿的深度学习产生负面影响。因此，教师需要重视主题式结构游戏对促进幼儿深度学习的独特价值，不断提高专业素养，积极利用有效的工具和方法提升观察能力与识别能力，在游戏过程中提供更有效的支持，以促进幼儿全面深入的发展。

四、我园对主题式结构游戏的研究有待进一步深入

我园对主题式结构游戏的研究和探索仍需进一步加强与扩展。在过去的一段时间里，我们已经围绕主题式结构游戏进行了长达15年的系统研究。我们在前一轮区级重点课题"基于核心素养培养的幼儿园主题式结构游戏的实践研究"的研究中发现，在主题式结构游戏中，幼儿的深度学习已有所显现。因此，本课题的进一步研究将对我园构建一个持续、有意义的课程体系具有重要的推动作用，同时也有助于进一步提升和优化特色课程的质量，确保幼儿在游戏过程中能够获得更加丰富和深入的学习体验。

第三节 基于观察的幼儿主题式结构游戏中 深度学习支持研究的价值

一、理论价值

(一)明晰幼儿深度学习的内涵、特征与框架

在深度学习的推进中,幼儿会产生记忆、理解、应用、分析、评价、创造这六个思维层次。这是一种有意义的、复杂的高级学习方式,是幼儿运用已有知识和经验去探索未知世界的学习方式,也是运用综合思维能力对复杂知识进行理解的学习方式。在本课题的实践研究过程中,我们通过对幼儿深度学习的概念界定、内涵特征、内容框架、表现水平等内容的全面分析与梳理,不断丰富与完善幼儿在主题式结构游戏中深度学习的相关理论,从而为教师支持幼儿深度学习提供理论依据,助推幼儿全面发展。

(二)丰富幼儿主题式结构游戏支持策略的相关理论

本课题广泛地查阅和分析了相关文献,并结合对幼儿主题式结构游戏现状的深入研究,旨在探索和提出一系列有效的支持策略。这些策略不仅涵盖对幼儿主题式结构游戏的理论支持,还包括实践中的具体方法。通过这一过程,进一步丰富和完善了现有的关于幼儿主题式结构游戏支持策略的理论体系,为教师提供了更为全面和深入的理论依据与实践指导。

(三)设计幼儿主题式结构游戏中深度学习的观察工具

设计幼儿主题式结构游戏中深度学习的观察工具,其价值是促进教师对幼儿在游戏中的学习过程进行系统化和深入的理解。通过这些观察工具,教师能更科学、有效地识别和记录幼儿在游戏活动中的问题解决、人际互动、情感体验三个维度的表现,从而为幼儿提供更有针对性的教育支持,进而优化支持策略和游戏内容,以更好地满足幼儿的游戏需求。

二、实践意义

（一）助推幼儿在游戏中实现深度学习

深度学习是幼儿运用知识解决实际问题的、有意义的学习过程，其强调幼儿的主体性，让幼儿在游戏中主动探索、发现和学习。主题式结构游戏中的深度学习对幼儿认知的完善、经验的丰富、问题解决能力的提升、积极情感的发展等有着深远的积极作用，能为他们的全面发展奠定坚实的基础。

（二）形成有效促进幼儿深度学习的支持策略

我们通过对相关文献的搜索与梳理发现，针对教师支持幼儿深度学习的策略研究较少，而本课题在一定程度上丰富了这方面的内容，为幼儿深度学习提供了支架，为教师开展主题式结构游戏提供了操作指引，为幼儿园课程实施提供了可借鉴的方向。

（三）提高教师在主题式结构游戏中观察与支持的能力

我们在上一轮研究中发现，在主题式结构游戏中，教师缺乏观察幼儿游戏行为的意识和支持幼儿深度学习的有效策略。教师有计划地观察是对幼儿进行有效支持的前提和基础，本课题的研究正是为了引导教师学会运用和掌握科学的观察工具，发现幼儿具体的外显行为表现，关注幼儿深度学习的进程，以此促进教师观察、解读与支持能力的专业发展。

第四节　基于观察的幼儿主题式结构游戏中深度学习支持研究的综述

深度学习最初在人工智能领域兴起，随后在国内外逐渐引起教育领域的关注。国外的研究起步较早，由四大研究团队推动；而在国内，黎加厚教授于 2005 年首次提出了深度学习，并将其与核心素养结合研究。随后，冯晓霞教授于 2016 年将深

度学习引入了学前教育领域。

我们在中国知网上以"幼儿深度学习"为主题进行检索,截至 2024 年 3 月,共检索得到 1262 篇有效论文,它们成为本课题文献梳理的基础数据。相关发文量总体上呈现增长趋势,具体可分为三个阶段:① 停滞期(2000—2014 年),该阶段年度发文量均为 1 篇;② 缓慢增长期(2015—2017 年),该阶段年度发文量均不超过 16 篇,发文量较少;③ 急速增长期(2018—2024 年),发文量从 2018 年的 40 篇迅速增长到2024 年(截至 3 月)的 391 篇,且 2024 年的发文量还会持续增长,该时间段呈现急速增长的趋势。由此可以得出近六年来,深度学习已成为学前教育领域研究的热点。

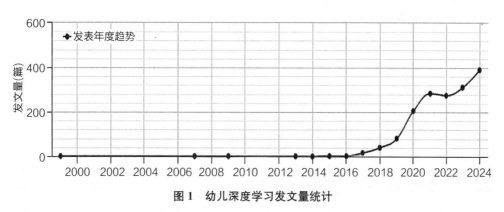

图 1　幼儿深度学习发文量统计

一、深度学习内涵的相关研究

深度学习在教育领域相关概念的首次提出在 20 世纪 50 年代中期,瑞典哥德堡大学的 Ference Marton 和 Roger Saljo(1976)[①]将学习者分为深度学习者和浅层学习者,并提出了深度学习的概念,即学习者在理解知识的基础上采用积极的认知策略,形成知识网络体系的学习方法。之后,美国国家研究委员会(National Research Council,2012)提出了"21 世纪素养",涵盖认知、个人和人际互动领域。在此基础上,学者开始将信息加工较为表层的称为"浅层学习"(Surface Learning),将信息加工更为深层次的称为"深度学习"(Deep Learning)。这标志着深度学习首次被引入教育领域。

---

① Marton F，Saljo R. On qualitative differences in learning：Outcome and process[J]. British Journal of Educational Psychology，1976，46(1)：4 - 11.

国内对深度学习的研究相对较晚。上海师范大学黎加厚教授（2005）①首次提出深度学习的概念：深度学习是指在理解的基础上，学习者能够批判性地理解新知识，在理解的基础上尝试联系与建构头脑中的已有经验，并能在实际情境中学以致用的学习。冯晓霞（2016）②则将幼儿深度学习界定为"幼儿在教师的引导下，在长时间、全身心积极投入具有挑战性的课题中，通过同伴合作和探究，运用高阶思维，迁移已有经验，最终解决实际问题的有意义的学习过程"。王小英与刘思源（2020）③将幼儿深度学习界定为"幼儿在教师引导下，围绕着丰富的挑战性课题，全身心地积极投入，通过同伴间的合作与探究，运用高阶思维，迁移已有经验，最终解决实际问题的有意义的学习过程"。叶平枝（2023）④将幼儿深度学习界定为"幼儿在兴趣和问题的内在动机驱动下，主动积极地探究并解决问题，丰富和发展认知、情感、能力和个性，并将学习所得迁移到新情境中的一种学习"。

近年来，国内研究者将深度学习的研究对象从初高中学生拓展至3—6岁儿童，并探讨了幼儿深度学习的概念和内涵。随着深度学习的重要性越来越受到重视，深度学习的研究不仅限于教育领域，还扩展到金融等其他领域。

二、深度学习特征的相关研究

郭华（2016）⑤提出，深度学习具有联想与结构、活动与体验、本质与变式、迁移与应用、价值与评价这五大特征。李璇律、田莉（2019）⑥将深度学习的特点概括为：多维度的学习过程，强调个体在智力、行动、情感等方面的全面发展；深加工的学习结果，要求学习者主动建构有效的知识体系；高参与的学习状态，强调学习者在共同体中展示自我、贡献智识，与同学共同创造知识。在此基础上，王小英和刘思源（2020）⑦从幼儿深度学习的角度提出了三个关键特征：首先，在认知层面，强调培养问题解决能力，注重高阶思维，如信息整合思维、创造性思维；其

① 何玲,黎加厚.促进学生深度学习[J].计算机教与学,2005(5)：29-30.
② 冯晓霞.区域游戏中的深度学习[C].南京：中国学前教育研究会学术年会,2016：18.
③ 王小英,刘思源.幼儿深度学习的基本特质与逻辑架构[J].学前教育研究,2020(1)：3-8.
④ 叶平枝,李晓娟.对幼儿深度学习的深度理解与现实审视及其促进[J].学前教育研究,2023(07)：13-24.
⑤ 郭华.深度学习及其意义[J].课程.教材.教法,2016,36(11)：25-32.
⑥ 李璇律,田莉.建构主义视域下的深度学习[J].教学与管理,2019(12)：1-4.
⑦ 王小英,刘思源.幼儿深度学习的基本特质与逻辑架构[J].学前教育研究,2020(1)：3-8.

次,在动机层面,强调积极情绪,认识到学习动机对深度学习的关键作用;最后,在社会文化层面,强调人际互动,强调通过有效沟通、协作等社交方式促进深度学习。叶平枝(2023)[①]认为,幼儿深度学习的显著特征包括:第一,内在动机是驱动力,强调幼儿深度学习基于积极主动的内在动机;第二,有意义的学习是本质,强调深度学习是基于知识理解和迁移的有意义的学习;第三,整体性学习是路径,强调幼儿深度学习要在整体性学习环境中展开,让他们围绕感兴趣的情境进行探究;第四,核心素养是目的,将深度学习与培养核心素养相关联,强调深度学习对核心素养的培养具有重要价值;第五,反思迁移是关键,强调反思是深度学习促进知识迁移的关键机制。这些特征共同构成了幼儿深度学习的独特模式。

我们在叶平枝提炼的五个特征的基础上,将幼儿深度学习的主要表现进行梳理,得出了以下五个维度的综合发展:强调在情境中解决问题、需要激发幼儿的积极情感、重视在游戏中动手操作、关注同伴间的交流与合作、注重批判性思维的运用。

三、促进幼儿深度学习策略的相关研究

美国学者德布·柯蒂斯和玛吉·卡特(2011)[②]在《和儿童一起学习:促进反思性教学的课程框架》一书中,提倡向儿童提出挑战、引导儿童在现有水平上进一步发展、引导儿童运用多种材料表达想法等促进幼儿深度学习的八大原则,强调教师应该将幼儿视为有能力的学习者,并将幼儿的自主活动看作深化学习的手段。

国内对促进幼儿深度学习的研究起步较晚。胡丹(2011)[③]发表了《促进深度学习的教学策略研究》,以教学活动为切入点,阐述了促进深度学习的教学策略。近年来,陆续有研究者将不同的活动作为载体,研究促进幼儿深度学习的策略。仇雅琳(2018)[④]、蒋婷婷(2021)[⑤]强调,教师在区域活动中,要通过创设环境、提供指导、进行评价和反馈,以及培养幼儿的合作和创新能力,促进他们深度学习。徐海燕(2021)[⑥]提出,

① 叶平枝,李晓娟.对幼儿深度学习的深度理解与现实审视及其促进[J].学前教育研究,2023(07):13-24.
② 柯蒂斯 D,卡特 M.和儿童一起学习:促进反思性教学的课程框架[M].周欣,周晶,张亚杰,等,译.北京:教育科学出版社,2011.
③ 胡丹.促进深度学习的教学策略研究[D].大连:辽宁师范大学,2011.
④ 仇雅琳.区域活动中幼儿深度学习的研究[D].济南:山东师范大学,2018.
⑤ 蒋婷婷.区域活动中幼儿深度学习的教师支持研究[D].桂林:广西师范大学,2021.
⑥ 徐海燕.自主游戏中幼儿深度学习的教师支持性策略[J].基础教育研究,2021(24):93-94.

在自主游戏中，教师适度的提问和指导有利于幼儿对知识的迁移和运用。因此，在幼儿游戏的过程中，教师的提问要在幼儿的认知水平上层层递进，以促进幼儿对知识的建构、迁移和运用。陈睿曦（2021）[1]、杨幼榆（2022）[2]、纪红丽（2022）[3]、李嘉欣（2022）[4]认为，在建构活动中，教师要尊重幼儿的兴趣和个体差异，创造有利于他们深度学习的环境，与幼儿互动和提供支持，并给出了教师专业发展等方面的策略和建议。张小芳（2022）[5]、田雯静（2022）[6]、张宁（2022）[7]、雷樱（2022）[8]研究了绘本教学中幼儿的深度学习，强调教师要创设良好的学习环境、引导幼儿互动与合作、提供反馈和评价，以及注重自身的专业发展等。

不难看出，这些研究表明，在促进幼儿深度学习的研究中，学者都认为教师的支持在幼儿深度学习中起着关键作用，教师的行为和支持策略对幼儿的深度学习有着重要影响。通过创设良好的学习环境、提供指导和引导、进行评价和反馈、培养合作和创新能力、尊重幼儿的兴趣和个体差异，以及注重自身的专业发展和进行反思，可以有效地支持幼儿的深度学习。

四、主题式结构游戏的相关研究

对于主题式结构游戏的研究，国内较多幼儿园开展了主题式课程，把主题建构作为教育内容的组织形式，有"幼儿园主题式美术教育"等，将主题下的美术活动形成一个系列，开展相应的活动；也有围绕搭建名称而形成主题的结构游戏活动，也被叫作"主题式结构游戏活动"。综上可见，此类主题式教育或主题式结构游戏活动都是凸显单个领域的形式。然而，国内外针对主题式结构游戏的专门研究尚不多见。

主题一词在课程领域有其独特性，国外学者对幼儿园主题活动的研究始于克

① 陈睿曦.大班建构游戏中支持幼儿深度学习策略的研究[D].成都：四川师范大学，2021.
② 杨幼榆.大班建构游戏中促进幼儿深度学习的教师支持研究[D].广州：广州大学，2022.
③ 纪红丽.建构游戏中促进大班幼儿深度学习的行动研究[D].南昌：江西科技师范大学，2022.
④ 李嘉欣.深度学习视角下大班幼儿建构游戏的策略研究[D].天水：天水师范学院，2022.
⑤ 张小芳.绘本教学中促进幼儿深度学习的行动研究[D].广州：广州大学，2022.
⑥ 田雯静.绘本阅读活动中大班幼儿深度学习研究[D].济南：山东师范大学，2022.
⑦ 张宁.大班绘本阅读活动中幼儿深度学习的个案研究[D].长春：长春师范大学，2022.
⑧ 雷樱.深度学习视角下幼儿教师绘本教学的现状及策略研究[D].洛阳：洛阳师范学院，2022.

伯屈(Kilpatrick)提出的方案教学法。20 世纪 80 年代,美国教育家凯兹(Katz)等学者认为,方案教学中主题的确立要建立在儿童的兴趣和生活经验上,并在主题的基础上根据经验向外扩散相关主题网络。20 世纪 90 年代,瑞吉欧课程的创设引发了学者对幼儿园主题活动的进一步探索①。

我们在国内的实践中发现,随着幼儿园主题活动的开展,主题教学与区域活动的有效融合能有效促进幼儿的全面发展。主题式建构活动不仅能丰富建构游戏的情境性和趣味性,也有助于引导幼儿进行有目的的建构行为。张月(2018)②认为,主题建构游戏是一种让幼儿通过建构活动主动学习的方法,它整合了幼儿园社会、语言、科学等多个学习领域的内容。在建构游戏中,教师与幼儿共同确定主题,并准备相关材料,以有目的且巧妙的方式引导幼儿参与其中。在游戏过程中,教师关注幼儿的发展,并适时提供有效的指导。在回顾阶段,教师与幼儿进行交流、分享、反思和总结,这为幼儿自主、有效地参与主题式结构游戏提供了重要的支持。

五、主题式结构游戏中观察与支持幼儿深度学习的相关研究

近年来,不同学者对主题建构游戏中促进幼儿深度学习提出了各自的观点。张梅(2021)③针对当前在主题积木游戏中的问题,提出加深理解深度学习的重要性,并提出大班幼儿深度学习可以实施自主游戏,形成主题小组计划、推选方案,发现问题、收集信息,推进游戏、合作突破,回顾分享、共同整理的四步流程。施美苹(2022)④以大班主题建构游戏为例,指出教师在支持幼儿深度学习时,可以提供灵动时空、投放适宜材料、巧捕问题契机、支持多维评价和构建高质量互动等策略,帮助幼儿在游戏中进行深度学习。陆继好(2022)⑤针对当前支持幼儿深度学习的主题积木建构游戏存在的问题,包括缺乏认知与理解、缺乏高质量的师幼互动等,提

---

① 唐恩燕.主题活动中促进大班幼儿深度学习的策略研究[D].上海:华东师范大学,2022.

② 张月.建构区中主题建构游戏的实施策略[J].课程教材教学研究(教育研究),2018(Z2):74-76.

③ 张梅.主题积木建构游戏下大班幼儿深度学习的教师指导策略[J].教育理论与实践,2021,41(29):62-64.

④ 施美苹.在游戏中促进幼儿深度学习的支持策略——以大班主题建构游戏“我心目中的小学”为例[J].福建基础教育研究,2022,168(12):117-119.

⑤ 陆继好.主题积木建构游戏中幼儿深度学习的支持策略研究[J].教育观察,2022,11(36):83-85+118.

出要深化教师的理解，优化游戏环境创设；提高师幼互动质量，激发幼儿深度学习。缪亚琴（2022）[①]以小班主题建构游戏"桥"为例，指出主题建构游戏具有明确的游戏任务情境和目标，教师应该观察、识别并智慧支持幼儿的建构活动，将幼儿的学习与发展引向深层。沈燕（2023）[②]提出，在开展幼儿园大班主题积木建构游戏时，教师应将主题和积木作为激发幼儿深度学习的关键点，既要结合幼儿的特征选择主题和积木或让幼儿自主选择主题和积木，又要考虑积木的单色性，并使用辅助材料赋予建构活动一定的目的，以此引导幼儿完成建构活动。

综上所述，国内研究者目前都较关注主题式结构游戏在幼儿深度学习中的应用和支持策略，并试图通过主题式结构游戏提供有效的支持策略，促进幼儿深度学习能力的发展，并优化教师引导下幼儿的游戏体验。

六、研究述评

现有研究普遍认识到了深度学习在教育领域，尤其是在幼儿教育中的重要性。从国内外的研究现状来看，深度学习的概念及其在幼儿教育中的应用已经得到了广泛的探讨和研究。国外研究起步较早，涵盖了深度学习的内涵、特征及其在教育中的应用；国内研究虽然起步较晚，但也逐步形成了丰富的关于幼儿深度学习的定义、特征及促进策略的研究成果。

在内涵研究方面，国内外学者均强调了深度学习不仅是知识的积累，更重要的是学习者如何在理解的基础上，通过批判性思维将新知识与已有经验联系并应用于实际情境中。

在特征研究方面，深度学习被界定为一个多维度的学习过程，不仅包括认知层面的高阶思维能力，还包括动机层面的积极情感和社会文化层面的人际互动。

在策略研究方面，现有研究提出了多种方法，包括创设环境、提供指导、促进师幼互动和合作等。这些研究为促进幼儿深度学习提供了丰富的策略和建议，帮助教师更有效地支持幼儿深度学习。

基于以上分析可以看到，当前的研究仍存在一些局限。虽然研究者认识到了

---

① 缪亚琴.三步九法：主题建构游戏中幼儿深度学习的支持策略——以小班主题建构游戏"桥"为例[J].早期教育,2022,1083(52)：20-23.
② 沈燕.大班幼儿深度学习的指导策略——以主题积木建构游戏为例[J].理科爱好者,2023(01)：248-250.

主题建构或积木游戏对幼儿深度学习的价值,也强调了教师在其中起到的重要作用,并提出了促进幼儿深度学习的相关支持策略,但仍局限于传统的结构游戏中。本课题"基于观察的幼儿主题式结构游戏中深度学习的支持研究"形成了对幼儿园主题式结构游戏的全新概念,打破传统主题建构游戏或积木游戏的形式,将结构游戏渗透到幼儿园一日活动中,突破领域之间的界限,将结构游戏创造性地融入幼儿的生活、运动、学习及其他各类游戏领域。本课题另一个显著的创新点在于主题式结构游戏的开展呈现了项目式推进及动态化发展过程,与传统的结构游戏相比,更注重主题的关联性和深入性。幼儿在教师的指导和同伴的合作下,能够在游戏中发挥自己的想象力和创造力,将所学知识应用到新的情境中,实现知识的迁移和综合应用,这进一步助推了幼儿的深度学习。此外,本课题强调观察的重要性,教师通过细致的观察和记录,对幼儿在主题式结构游戏中的行为进行了深入分析,为后续的教学活动提供了客观的依据;同时指导教师根据幼儿的行为特点和发展需求,提供有效的支持,进而更好地促进幼儿的深度学习。因此,我们将对本课题开展进一步的探索和实践研究。

第五节　基于观察的幼儿主题式结构游戏中深度学习支持研究的设计

一、研究目标

(一) 理论目标

通过实践研究,进一步厘清深度学习的概念、内涵、特征、价值和意义,探讨主题式结构游戏对促进幼儿深度学习的价值和意义,设计并研制出一套相应的观察工具,总结出一系列有针对性的支持策略,从而拓展深度学习在学前教育阶段的研究。

(二) 实践目标

以幼儿主题式结构游戏为载体,助力教师学会运用相应的观察方法和观察工具开展实践研究,有效提升教师基于观察的识别与支持能力,促进其专业成长。教

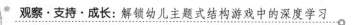

师的观察也有助于鼓励和引导幼儿在主题式结构游戏中发现问题、运用高阶思维和参与高水平的认知,促进幼儿在问题解决、人际互动及情感体验三个维度的发展,以此助推幼儿的全面发展。

二、研究内容

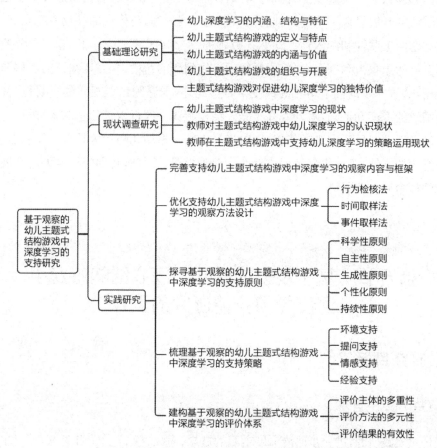

图2 基于观察的幼儿主题式结构游戏中深度学习的研究内容

三、研究方法

(一) 观察法

观察幼儿在主题式结构游戏中深度学习的行为表现,并进行记录与分析,总结

出不同年龄段幼儿在主题式结构游戏中的深度学习行为,并对幼儿的深度学习行为进行初步的判断,为下一步优化主题式结构游戏中对幼儿深度学习的观察提供依据。

(二)访谈法

访谈教师对深度学习的认识、已采用的支持策略等,并结合观察,了解幼儿对活动的看法和需求、兴趣和困惑等,力图从多角度、多方面切实地了解主题式结构游戏与幼儿深度学习的相关现状,为本课题提供一定的事实依据。

(三)行动研究法

将小、中、大班三个年龄段的幼儿作为研究对象开展实践研究,研究幼儿在主题式结构游戏中深度学习的外显行为,并在观察的基础上进行有效识别,发现幼儿的需求,提供相应的支持。在下一阶段的实践中,聚焦支持的效果,并进行下一步的反思和调整,以此形成一个循环,从而梳理出有效的支持策略。

(四)案例法

在观察的基础上记录、分析和梳理主题式结构游戏中各年龄段幼儿深度学习的行为表现及教师的支持策略,从而完善幼儿深度学习行为的指标框架,提炼并形成教师多元支持策略体系。

(五)经验总结法

通过园内教科研活动、研讨交流等形式进行及时的回顾、反思、分析,梳理有关促进与支持幼儿主题式结构游戏中深度学习的经验,优化"检核表"中观察和评价的指标,总结并提炼支持策略。

四、研究过程

(一)准备阶段(2021年3—8月)

1. 建立课题组,明确分工,落实研究任务。
2. 成立情报组,收集资料,并进行初步的分析探讨,了解此类课题的研究情况。

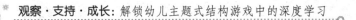

3. 设计研究方案,明确研究内容、方法、过程及应取得的研究成果。

阶段成果:《基于观察支持幼儿主题式结构游戏中深度学习的情报综述》。

(二)实施阶段(2021年9月—2024年8月)

第一阶段:(2021年9月—2022年2月)

1. 学习并解读《基于观察支持幼儿主题式结构游戏中深度学习的情报综述》中有关幼儿深度学习的行为表现,并结合前一轮课题成果中幼儿核心素养的内容,分析相通之处。

2. 梳理并初步制定"主题式结构游戏中幼儿深度学习行为检核表"。

阶段成果:"主题式结构游戏中幼儿深度学习行为检核表"初稿、相关案例。

第二阶段:(2022年2月—2023年8月)

1. 通过实践研究,检验"主题式结构游戏中幼儿深度学习行为检核表"的各项指标,并进行不断调整与完善。

2. 通过观察、分析与识别主题式结构游戏中幼儿深度学习的行为,梳理符合三个不同年龄段幼儿发展的支持策略、方法与原则等。

3. 梳理、总结阶段成果与经验,组织撰写中期汇报,并根据领导、专家的反馈进行调整与完善。

阶段成果:"基于观察的幼儿主题式结构游戏中深度学习的支持研究"中期汇报、相关案例与经验总结。

第三阶段:(2023年9月—2024年8月)

1. 继续完善"主题式结构游戏中幼儿深度学习行为检核表"的框架与指标。

2. 进一步开展支持主题式结构游戏中幼儿深度学习的实践研究。

阶段成果:"主题式结构游戏中幼儿深度学习行为检核表"调整版、相关案例与经验总结。

(三)总结阶段(2024年9—11月)

1. 整理研究资料,撰写研究报告。

2. 邀请相关专家,进行课题论证。

3. 展示研究成果,交流分享课题经验和收获。

阶段成果:"基于观察的幼儿主题式结构游戏中深度学习的支持研究"总报告、"主题式结构游戏中幼儿深度学习行为检核表"最终版、主题包。

五、研究路径设计

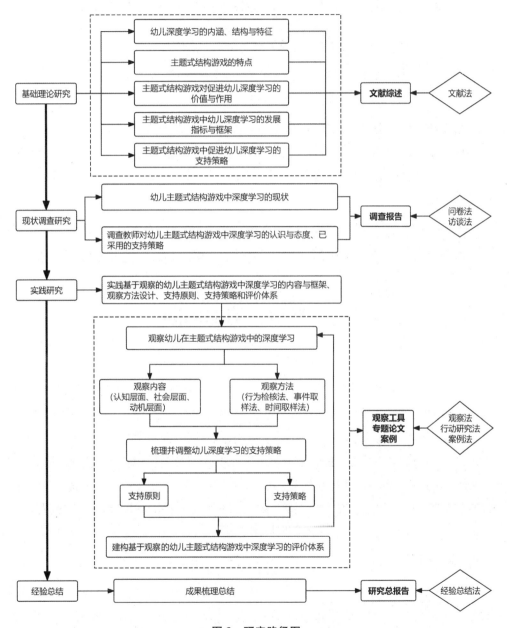

图 3　研究路径图

第二章 幼儿有深度学习吗：解析幼儿的深度学习

我们基于前期对文献的梳理发现，深度学习的研究对象大多是中小学生。这不禁让我们产生疑问：幼儿有深度学习吗？在实践过程中，我们聚焦幼儿的问题解决能力、人际互动能力和情感体验三个方面，从深度学习的内涵、结构及特征进行深度解析。

第一节 "三重视角"解构幼儿深度学习的内涵

近年来，针对深度学习的话题探讨逐渐深入，相关研究也越来越丰富。有学者认为，深度学习是学习者以高阶思维的发展和实际问题的解决为目的，以整合的知识为内容，积极主动地、批判地学习新的知识和思想，并将它们融入原有的认知结构中，且能将已有的知识迁移到新的情境中的一种学习；也有学者认为，深度学习是学习者在教师的引领之下，围绕着具有挑战性的学习主题，全身心地积极参与、体验成功、获得发展的有意义的学习过程。幼儿深度学习强调幼儿在学习过程中的思维深度、情感体验和学习过程的完整性。下面从"重思维""重情感""重过程"三重视角来解析幼儿深度学习的内涵。

一、重思维

（一）高阶思维的发展

幼儿深度学习注重培养幼儿的高阶思维能力，如分析、综合、评价、创造等。这

些能力能够帮助幼儿更深入地理解知识,形成自己的见解和观点。

(二)问题解决能力的培养

深度学习鼓励幼儿在面对问题时,主动思考、积极探索,寻找解决问题的方法。通过这一过程,幼儿不仅能掌握知识,还能学会如何运用知识解决实际问题。

(三)新旧知识的联系与建构

幼儿深度学习强调新旧知识之间的联系,通过引发认知冲突,促使幼儿在同化与顺应的相互作用下,实现知识和经验的主动建构与迁移。

二、重情感

(一)积极情感的激发与维持

在深度学习中,幼儿会体验到自我胜任感、同伴互赖感和教师友好感等积极情感。这些情感能够激发幼儿的学习兴趣和探索欲望,维持他们的学习动力。

(二)情感体验的丰富性

在深度学习中,幼儿会经历困惑、欣喜、自豪等复杂情感。这些情感体验不仅丰富了幼儿的心理世界,还促进了他们自我调节能力的发展。

(三)情感与认知的相互促进

情感与认知在深度学习中是相互作用的。积极的情感体验能够激发幼儿的认知活动,而认知活动的成功又能够进一步增强幼儿的情感体验。

三、重过程

(一)过程的完整性

深度学习强调过程的完整性,包括问题提出、探究实践、反思总结等环节。这些环节相互关联、相互促进,共同构成了幼儿深度学习的完整过程。

（二）实践的重要性

深度学习鼓励幼儿通过探究和实践来获取知识。在探究过程中，幼儿会运用多种感官和思维方式，深入了解事物的本质和规律。

（三）反思与总结的提升作用

深度学习注重反思与总结环节。通过反思和总结，幼儿能够回顾自己的探究过程，发现自己的不足和进步，从而不断调整和提升。

幼儿深度学习是一种注重思维深度、情感体验和过程完整性的学习方式。它旨在培养幼儿的高阶思维能力、问题解决能力和情感体验，促进幼儿的全面发展。

第二节 "三大维度"阐释幼儿深度学习的结构

通过文献更新与分析，结合实践观察与研讨，我们将主题式结构游戏中幼儿的深度学习确定为"三个维度12个发展指标"框架（如图4所示）。

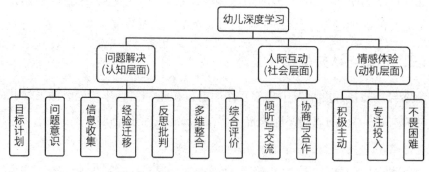

图4 幼儿深度学习结构图

一、三大维度阐释

深度学习包括问题解决、人际互动和情感体验三大维度。对幼儿深度学习的观察、支持与评价不仅要着眼于幼儿的问题解决，更要关注其和谐的人际互动与积极的情感体验。本课题在参考王小英教授对幼儿深度学习基本特质与逻辑框架的描述的基础上，确立将问题解决、人际互动和情感体验作为幼儿主题式结构游戏中对深度学习进行观察、支持与评价的三大维度。

（一）问题解决维度

深度学习的重要目标是提升学习者的问题解决能力，其中的核心是高阶思维能力。国内关于深度学习最初的界定是：深度学习是指在理解的基础上，学习者能够批判地学习新思想和事实，并将它们融入原有的认知结构中，能够在众多思想间进行联系，并能够将已有的知识迁移到新的情境中，做出决策和解决问题的学习[①]。冯嘉慧（2017）[②]指出：深度学习的基本特征是重视高层次的思维和能力。浅层学习是指学习比较低端的知识、记忆性的知识和简单的理解。深度学习则是指培养高端的能力，包括高阶思维能力、创造能力、分析问题和解决问题的能力。学者普遍认为问题解决是深度学习的落脚点。一些实证研究揭示了深度学习与问题解决能力的内在关联。如有研究以澳大利亚 128 名大学一年级学生为测试对象，研究了问题解决与深度学习之间的关系。结果表明：高问题解决能力与深度学习呈正相关，低问题解决能力与浅层学习呈正相关[③]。

问题解决维度是深度学习的核心所在。深度学习强调学习者能够批判性地学习新思想和事实，并将其融入原有的认知结构中。对幼儿而言，这意味着在面对问题时，他们需要通过深度学习和理解，找到有效的解决方案，并将其应用到实际生活中。这一过程不仅能锻炼幼儿的信息整合、建构新知、批判性思维和创造性思维等高阶思维能力，还能促进他们将已有知识迁移到新情境中，从而拓展学习的深度和广度。

因此，将问题解决维度细化为目标计划、问题意识、信息收集、经验迁移、反思批判、多维整合、综合评价这七个指标，既符合我国学前教育政策的导向定位，也对标了学前教育的高质量发展。这样的内容框架有助于促进幼儿的高阶思维发展，

---

① 何玲，黎加厚.促进学生深度学习[J].现代教学，2005(5)：29.

② 冯嘉慧.深度学习的内涵与策略：访俄亥俄州立大学包雷教授[J].全球教育展望，2017(9)：4.

③ 王靖，崔鑫.深度学习动机、策略与高阶思维能力关系模型构建研究[J].远程教育杂志，2018(6)：44.

并能提升其在实际情境中解决问题的能力。

(二) 人际互动维度

幼儿的深度学习过程不仅是一个个体的心理过程，同时也是根植于社会文化的建构过程。美国威廉和弗洛拉·休利特基金会（WFHF）提出了六个深度学习的核心竞争力，其中的两个能力"有效沟通"与"协作能力"涉及社会层面。德国哲学家哈贝马斯（1998）[①]提出了交往行为理论，他强调在社会中建立共识需要真诚的沟通行为，这种真诚的沟通行为是由具有平等地位、相互尊重的主体基于相互理解的交往而建立的。我国基础教育改革所倡导的"自主、合作、探究"的学习方式，既强调了学习的社会属性，也强调了知识的共享与创新。幼儿的深度学习需要在群体情境中展开，需要同伴互动、讨论交流，需要同伴合作、协同作战，需要齐心协力、携手解决问题。

人际互动维度体现了深度学习的社会性特点。深度学习是一个社会性的过程，幼儿需要与他人进行互动和合作。在幼儿园环境中，幼儿通过与同伴互动和合作，能够更好地理解和应用所学知识。这种互动和合作不仅能促进幼儿之间的情感交流与友谊建立，还能提高他们的沟通能力和团队协作能力。同时，幼儿在与他人的互动中，能够不断反思和调整自己的学习策略，从而不断优化学习过程，实现深度学习的目标。

因此，将人际互动维度细化为倾听与交流、协商与合作这两个指标，既符合我国对幼儿教育中社会性发展的重视，也呼应了国际对深度学习中社会交往能力的关注。倾听与交流能力强调幼儿在游戏互动中能够理解他人观点，表达自我想法；而协商与合作能力则侧重于幼儿在团队活动中共同解决问题，达成共识。这样的细化不仅有助于幼儿在实际操作中提升社会交往技能，还能够促进其在群体中形成积极的人际关系，为未来更好地适应社会打下坚实的基础。

(三) 情感体验维度

幼儿的深度学习是一个需要整体性投入的活动，既有认知维度的投入，也有动机、情感、意志等方面的投入。两者之间相互影响、相互制约、交互作用，共同决定

---

① 哈贝马斯.通向理解之路：哈贝马斯论交往[M].陈学明，译.昆明：云南人民出版社，1998.

着幼儿的学习是深度学习还是浅层学习。学习心理学认为,学习动机是激发和维持学习的基本动力。许多研究表明,学习动机是决定学生学业成就的关键因素。近年来的脑科学研究中最具关键性意义的发现是:在一个正常的脑中,"理智"的过程不能离开"情绪"的东西独立发挥功能①。幼儿的学习动机在幼儿的深度学习中无疑起着非常重要的作用,因为幼儿是"情绪的俘虏"。没有强烈的内部动机,或缺乏浓厚的兴趣与积极的态度,幼儿的学习就难以展开,更不可能走向深度。

情感体验维度是深度学习不可或缺的一部分。积极的情感体验,如成功完成任务后的自豪感,能够激发幼儿持续探索未知领域的兴趣与动力,这种内在动机是推动深度学习的重要力量。同时,面对挑战或失败时适当的情感支持,如成人的理解与鼓励,能够帮助幼儿培养韧性,提高他们从错误中学习的能力,这也是深度学习不可或缺的一环。所以,积极的情感体验成为幼儿深度学习的重要驱动力,有助于培养幼儿的自信心和毅力,使他们在面对困难时能够坚持不懈地探索和学习。

因此,将情感体验维度细化为积极主动、专注投入、不畏困难三个指标,既符合我国教育理念中对幼儿情感发展的重视,也顺应了国际教育界对深度学习中情感投入的关注。积极主动强调幼儿在主题式结构游戏中能够主动探索,乐于参与互动;专注投入体现幼儿在游戏过程中能够集中注意力,深入思考;不畏困难则侧重于幼儿在遇到挑战时能够保持乐观心态,勇于尝试。这样的细化有助于幼儿在情感体验中培养积极的学习态度,增强学习动力,从而促进其深度学习能力的提升。

综上所述,将幼儿深度学习划分为问题解决、人际互动和情感体验三个维度,是基于深度学习核心理念和幼儿学习特点的合理划分。这三个维度相互关联、相互促进,共同构成了幼儿深度学习的完整框架,有助于更好地指导幼儿的学习和发展。

二、具体指标阐释

深度学习包含三个维度12个发展指标。本部分将结合幼儿在主题式结构游戏中深度学习的具体行为表现来阐释各指标的含义,以便帮助教师更好地观察、识别与支持幼儿在主题式结构游戏中的深度学习。

---

① 吴永军.关于深度学习的再认识[J].课程.教材.教法,2019(2):38+53-60.

（一）目标计划

目标计划主要是指幼儿在主题式结构游戏中始终记得任务的目标，根据自己的意图制订计划并付诸实施。如此，可以更好地培养幼儿对结构游戏进行前期规划、解决问题、探索问题这一系列自主学习能力，也能促使他们将在结构游戏中发现的现象、探索的经验、解决的办法用自己的方式表现出来，达成学习经验的可视化。目标计划主要包括选择场地、选择玩伴和选择材料等，并将脑海中的构想绘制在图纸上，为幼儿的实际操作起到导向作用，增强幼儿在游戏中的学习目的性，为走向深度学习奠定基础。

（二）问题意识

问题意识主要是指幼儿在主题式结构游戏中对经常遇到的问题或现象产生疑问、探究的心理状态。这种心理状态能充分调动幼儿的好奇心，驱使幼儿在主题式结构游戏中积极思考，不断提出问题和解决问题。可见，没有问题意识，就不会主动发现问题，更不会进行深度学习。

（三）信息收集

信息收集主要是指幼儿在游戏中具有信息意识，面对不懂的事物，能积极主动地用不同的方法去收集信息，帮助操作。深度学习需要大量的经验，当超出自身的经验范畴时，就需要幼儿掌握多种信息收集方法，为解决问题提供依据。

（四）经验迁移

经验迁移主要是指幼儿能将与主题相关的已有经验应用到新的问题情境中，从而解决当前问题的过程。幼儿在深度学习的过程中，经验迁移能力开始逐步发展。他们开始能够在新的情境中运用已有的经验，在面对新问题时，能够回想之前解决类似问题的经验，并尝试将之前的策略应用于当前问题。

（五）反思批判

反思批判主要是指幼儿在活动过程中能独立思考和多角度分析问题，有独特的见解，能对各方信息进行判断，敢于质疑和否定。深度学习的过程必须伴随着幼儿的反思，且他们的理解和分析都是具有批判性特征的。

（六）多维整合

多维整合主要是指幼儿能联系多维经验，将不同领域的知识、技能和经验进行综合运用，建构知识网络，形成一个有机整体，以解决游戏中的复杂问题。其中，新旧知识之间的联系，属于纵向整合；多领域知识的融合、概念与概念间的联系，则属于横向整合；此外，还有横向与纵向的交叉整合。

（七）综合评价

综合评价主要是指幼儿能运用和整合认知与思维，对自己或者同伴进行多角度评价。教师可以通过评价性的问题引导幼儿畅所欲言，并让他们结合多元经验，充分发表自己的观点，从而反思自己或评价他人在游戏中的表现。

（八）倾听与交流

倾听与交流主要是指幼儿在活动过程中能围绕一个主题，愿意听取他人的想法并与之沟通，这在深度学习中起着至关重要的作用。幼儿通过倾听和交流，能够更好地理解世界，促进认知发展，培养语言能力，并建立积极的人际关系。倾听与交流是促进幼儿深度学习的重要途径。在教育实践中，我们应该创造一个良好的倾听与交流环境，鼓励幼儿积极参与，培养他们的倾听和交流能力。

（九）协商与合作

协商与合作主要是指幼儿与同伴为了一个共同的目标，相互支持、分工、协作、奋斗的过程。幼儿在主题式结构游戏中通过与伙伴的互动，能学会协商与合作这一重要的社会技能。他们需要相互协商来解决遇到的问题，加强团队凝聚力以共同达成游戏目标。我们应关注孩子们在游戏中的表现，及时给予指导和支持，帮助他们建立积极的合作意识和提高沟通协商能力。

（十）积极主动

积极主动主要是指幼儿对主题相关的事物表现出的关注、兴趣、行为意愿等状态。幼儿在开展主题式结构游戏的过程中，需要全身心地投入，积极主动地参与到游戏设计、同伴协商、问题解决的过程中。因此，只有基于幼儿兴趣的主题式结构游戏，才能将幼儿带入深度学习的过程。

（十一）专注投入

专注投入主要是指幼儿在主题式结构游戏中将注意力集中在与主题相关的事物上，并长时间地投入其中。他们在游戏过程中专注度高，不受无关事件或其他外部因素的影响。专注投入是幼儿终身学习与发展所必需的宝贵品质，在深度学习的概念中就强调了专注。专注投入是开展深度学习的前提，只有当幼儿专注投入时，才能够深入思考，从而更好地推进游戏开展。

（十二）不畏困难

不畏困难主要是指幼儿在游戏过程中，遇到困难时能勇敢尝试，不怕失败，坚持克服，不放弃。在活动中，他们会遇到各种问题和挑战，需要他们运用已有经验去分析问题，寻找解决途径，这个过程也是深度学习的一部分。

第三节 "五个关键"把握幼儿 深度学习的特征

幼儿的深度学习强调幼儿要在情境中解决问题、激发积极情感、重视在游戏中动手操作、关注同伴间的交流与合作、注重批判性思维的运用。这五个关键要素为我们精准把握幼儿深度学习的特征提供了清晰指引，对推动幼儿全面发展意义重大。

一、在情境中解决问题

在主题式结构游戏中，幼儿深度学习的发生可以来源于幼儿的兴趣、经验，但更多的是来源于幼儿在主题探究过程中所遇到的问题情境。这种问题情境能够激发幼儿的好奇心，满足幼儿自主解决问题的欲望，并且促使他们在不断的操作与思考中持续深入地进行探究。

在一次活动中，孩子们用百变积木搭建了长长的轨道，并且在两侧装上了围栏。Q宝说："我要在轨道的最下面装上开关，这样小球就不会滚出去了！"于是，他用百变积木搭建了一个可以旋转的开关。然而,当他打开开关时,开关只能进行小范围的旋转,开口不够大,小球无法顺利滚出轨道。经历了几次失败后,Q宝分别将开关朝着顺时针和逆时针的方向旋转了几次,最后将开关进行了改良。原来他发现开关太长,围栏挡住了开关的旋转方向。于是,他将开关缩短,并且将一侧围栏增高,这样,开关就能90度旋转,小球得以顺利滚落。

通过上述例子可以发现,正是由于幼儿遇到了实际问题,他们才会主动对遇到的问题进行思考,不断尝试,找出原因,想出办法。可见,幼儿深度学习的发生,需要一个非常具体的问题情境去激发他们内在的学习动机,而教师需要及时发现幼儿在游戏中产生的驱动性问题,并且提供适当的支持,确保幼儿进行更深入的探究。

二、激发积极情感

深度学习的特征之一就是幼儿能够主动建构新知识。其强调幼儿能够积极主动地投入学习中,享受学习带来的成就感、愉悦感。幼儿在主题式结构游戏中会遇到很多问题,如"山洞"倒塌了怎么办? 如何让浇花器给更多的植物浇水呢? 什么样的小船不容易沉没呢? 种种问题都需要幼儿运用原有的知识和经验去思考与解决。然而在解决的过程中,并不是一帆风顺的,幼儿会经历多次失败,他们需要鼓足勇气,重拾信心;需要在一次次的认知冲突中不断地重构自己的认知经验;需要在与同伴的共同游戏中积极交流和互动、理解与共情,如此,问题才能得以成功解决。与此同时,幼儿在对同一个主题进行研究的过程中,会不断出现不同的问题。持续出现的问题,在积极情感的作用下,能够让幼儿产生持续的探究动力。因此,在主题式结构游戏中,教师要支持幼儿进行深度学习,就必须重视幼儿在游戏中积极情感的激发。

三、重视在游戏中动手操作

《3—6岁儿童学习与发展指南》强调,幼儿学习的主要方式是"直接感知、实际操作、亲身体验"。换言之,幼儿是在对结构材料的操作过程中进行反思与学习的。当幼儿在搭建过程中遇到问题时,就需要对结构材料进行操作并转换,观察、思考转换后所产生的新变化,从而获得新的认知。例如幼儿一定要将不同材质的小球分别放在不同高度的轨道上实验,通过观察球的不同弹跳高度,才能体会到不同材质的球其弹跳能力也不同的道理。因此,幼儿只有动手操作、亲身体验,才能用心思考、发现问题、获得答案,即"手动"才能"心动"。基于此,教师应为幼儿提供适当的材料支持,以推动幼儿进行深度学习。

四、关注同伴间的交流与合作

社会建构论不仅强调知识是建构的,更强调知识的共同建构,即除了"手动"和"心动","人动"也是非常重要的。在共同建构的过程中,会产生共享的理解或深层的交流。首先,在主题式结构游戏中,幼儿与同伴、教师能产生积极的互动,通过语言或肢体的交流,使其在游戏中变得更加专注、思考变得更加清晰,甚至修正自己的原有认知,更好地诱发深度学习。其次,在游戏后的分享环节中,幼儿能够倾听同伴的想法与经验,并将其运用到自己的游戏中;还能在同伴无法解决问题的时候,帮助其出谋划策,共同寻找解决的办法。如此,能使个体经验不断向外延伸,逐渐成为幼儿共同的经验。最后,除幼儿园教师外,社会关系中最重要的一部分是幼儿的家庭成员。幼儿的认知与行为来源于其家庭的文化背景、日常的活动与父母的期望。幼儿在家长的指导与帮助下,能够从多角度、多途径收集到不同的主题信息,不同类别的信息又通过交流得以在同伴间进行分享与积累。通过家园之间的密切联系、共同合作,可以为幼儿的深度学习提供有力的支持。

五、注重批判性思维的运用

深度学习要求幼儿在对主题的探究过程中具有批判性思维,能够对自己或他人的作品或游戏行为进行分析、推理、判断与评价,并做出正确的决定。具体表现为:第一,能对同伴的观点或做法持怀疑态度;第二,能对问题进行多角度的分析与解释;第三,能对问题形成解决方案;第四,能回忆自身的游戏过程,反思经验与教训。如当幼儿发现原有的轨道在搭建过程中既费时又费力的时候,他们会想到将轨道进行改造从而解决这一问题。在最初的设计中,孩子们想出了三种设计方案,在一次次的实验和交流过程中,他们对不同的设计方案进行了对比与分析,最终选择了最适合的设计方案。在以上案例中,在发现问题、分析问题、解决问题的过程中,充分体现了幼儿在深度学习过程中批判性思维的发展。因此,在主题式结构游戏中,教师需要充分调动幼儿的批判性思维,引导他们学会分析、比较、推理与论证,推动他们进行深度学习。

第三章 结构游戏的进阶：玩转幼儿主题式结构游戏

第一节 何为幼儿主题式结构游戏：内涵与特点

随着教育研究的深入，结构游戏逐渐进阶为幼儿主题式结构游戏。它是幼儿教育领域具有独特价值的活动形式，其内涵与特点越发受到关注。对其内涵与特点的清晰认知，不仅有助于教师更科学地引导幼儿开展游戏，也能为幼儿在游戏中实现全面发展提供有力的支撑。

一、幼儿主题式结构游戏的内涵

通过知网搜索可以发现，对幼儿主题式结构游戏的相关探索越发多元。有学者指出，幼儿主题式结构游戏是幼儿围绕特定主题，借助各类结构材料，通过自主创意的搭建操作，以实现对主题认知的具象化表达，同时在这一过程中锻炼空间感知与动手能力的一种游戏形式。也有学者认为，幼儿主题式结构游戏是以主题为线索，幼儿在教师引导或自主状态下，运用结构材料构建出与主题相关的场景或物体，在其中经历计划、实施与反思，进而促进想象力、创造力及合作能力发展的游戏过程。幼儿主题式结构游戏的内涵丰富，下面从"主题引领""深度融合""探索互动"和"游戏体验"四个方面来阐述。

（一）主题引领

主题引领是以主题为背景，围绕一个明确的主题开展游戏。主题为游戏提供了清晰的情境和方向，幼儿须根据主题进行构思和创作，将自己对主题的理解和想象通过结构游戏展现出来。

教师要依据主题目标，有目的地创设与主题相关联的结构游戏活动。如在中班"我在马路边"主题下，教师根据主题目标组织开展谈话活动"马路边有什么？"，从中了解幼儿已有的生活经验。在此过程中，主题就像一盏明灯，引导着幼儿思考在马路边的所见所闻，幼儿能够大胆表达自己在马路边的发现，如车辆、交通信号灯、交通标志、路灯等。教师运用多媒体等形式呈现相关内容，激发不同能力层次的幼儿进行表达，促进其观察与表达能力的发展。然后，教师根据幼儿的兴趣，继续丰富其经验，如讲述马路边车辆的名称、外形、用途等。在此基础上，幼儿围绕主题进行自主搭建活动，利用结构材料进行表征，将自己对马路边事物的理解通过主题式结构游戏展现出来，促进其创造能力的发展。继而，通过幼儿作品的交流展示，提升幼儿对自己及同伴作品的评价能力。最后，教师引导幼儿在欣赏作品的同时与作品进行互动，如了解汽车分类、停车场等，促进幼儿对马路边不同设施的进一步认知，在丰富主题经验的同时，推动幼儿深度学习的发展。整个过程紧紧围绕主题展开，主题贯穿始终，为幼儿的游戏与学习指明了清晰的方向，凸显了主题引领在幼儿主题式结构游戏中的核心内涵。

（二）深度融合

主题式结构游戏不限于单一的建构活动，还深度融入幼儿的一日生活中，在游戏、运动、生活等各个环节都能发现它的身影。

以中班"交通工具"主题为例，在日常游戏环节中，教师巧妙创设了"停车场""交通棋"等学习活动，将幼儿搭建的各类车辆作品巧妙地转化为操作材料。这一举措，不仅是对幼儿作品的认可，更极大地激发了幼儿参与搭建活动的兴趣与意愿。在角色游戏里，"电影院"的创设也是一个生动的融合实例。幼儿为了观看 3D 电影，就地取材，利用雪花片和色纸搭建出 3D 眼镜。这一行为，充分展现了幼儿运用替代物进行表征的能力，凸显了他们在游戏过程中的自主性与创造表现力，丰富了幼儿的游戏行为，让主题式结构游戏与角色游戏紧密相连。在运动环节，主题式结构游戏的融合同样别具匠心。教师结合室内不同的运动场地，精心投放了适宜幼儿运动的大型结构材料。在开展运动时，幼儿充分发挥想象力与创造力，利用这些结构材料搭建出诸如跳房子、跨栏、障碍物等多样的运动器材，自发创设了丰富的运动项目。在此过程中，幼儿积极与同伴商量合作，使运动充满自主性和趣味性。在合作建构与交流互动中，幼儿的倾听交流能力、协商合作能力及积极主动性得到了锻炼,彰显出游戏在幼儿各领域学习发展中的独特作用。无论是游戏、运动还是其他生活环节,主题式结构游戏都像一条无形的纽带,紧密串联起幼儿的一日生活,在不同场景中释放独特的魅力。

(三)探索互动

《3—6岁儿童学习与发展指南》强调,幼儿要"学习发现问题、分析问题和解决问题,不断积累经验"。这一点在幼儿主题式结构游戏中体现得淋漓尽致,充分凸显了其"探索互动"的内涵。

在主题式结构游戏里,幼儿始终以欢快、愉悦的情绪状态投入其中,主动发现问题,并积极探索解决问题的途径与方法。他们通过这种方式,对主题展开多角度、多维度的自主探索,不仅能不断提升建构经验,还能使深度学习的相关指标得到相应发展。

以大班"我要上小学"主题为例,为丰富幼儿的主题经验,教师组织幼儿参加了王港小学开放日活动,让幼儿亲身体验小学生的学习生活和环境。幼儿通过观察和对比,完成了调查表"哪里不一样",梳理出幼儿园和小学的差异。小学里高高的教学楼给幼儿留下了深刻印象,他们便利用结构游戏和来园活动时间,运用不同材料搭建教学楼。有的用百变积木,有的用雪花片,有的用木块,呈现出镂空、旋转、架空等多样效果。随着探索的深入,普通结构材料已无法满足幼儿的需求,他们开始探索材料库里的各种材料,纸杯房、筷子房、纸牌房、夹子房等创意建筑应运而生。在对教学楼的外部特征有所了解后,幼儿的探索目光转向了其内部结构,他们搭建出一间间有门有窗的教室,教室里摆放着有桌肚的课桌和椅子,还有写着加减运算的大黑板,俨然一个微型教室。然而,幼儿的探索并未就此停止,他们深知小学还有很多活动,于是持续探索新玩法。他们来到操场,用碳化积木搭建赛道进行接力赛,并不断升级赛道,增加挑战,生成有趣的小学体育活动。随着主题的不断深入,幼儿在主题式结构游戏中持续探索,不断生成新的活动,让主题式结构游戏的内容日渐丰富。在一次次的探索互动中,幼儿不仅对小学的认知更加全面深入,而且在与同伴的交流、合作、争论中,不断拓展思维,提升了解决问题的能力。他们的每一次新发现、新尝试,都让探索与互动在游戏中持续升华。

(四)游戏体验

游戏是幼儿的天性,在幼儿主题式结构游戏中,"游戏体验"的内涵得到了充分的体现。在主题式结构游戏开展过程中，幼儿依据自己的意愿，自由且有选择地进行搭建操作，并且还能将自己的作品融入玩的环节。这种边搭边玩的过程，不仅丰富了幼儿的建构经验，更使其游戏经验得以不断提升，充分体现出基于幼儿深度学习培养的主题式结构游戏所独具的游戏性。

以大班"去旅行"主题为例，幼儿对坐飞机这种旅行方式兴致盎然，有的还带来了飞行棋，在游戏中满足自己坐飞机去旅行的愿望。在个别幼儿的带动下，全班迅速掀起了玩飞行棋的热潮。然而，问题也随之而来，班级里仅有一副飞行棋，可大家都想玩，这该如何解决？幼儿立刻想到利用百变积木自制一副独特的飞行棋——百变飞行棋。这副由百变积木制作的飞行棋，相比原来的飞行棋，更具立体感，而且棋子能够借助百变积木上的小点按压固定在棋盘上，有效避免棋面被轻易打乱，为幼儿在游戏过程中提供了持续稳定的游戏体验。

这副看似简单的自制飞行棋意义非凡。它以幼儿的兴趣和需求为出发点，遵循"以幼儿为本"的理念，让幼儿在自主解决问题、动手搭建与投入游戏的过程中，不仅满足了自身的游戏体验，还展现出高度的自主性与创造性。这种将搭建与游戏深度融合的形式，正是"游戏体验"在幼儿主题式结构游戏中的生动体现，让幼儿在快乐游戏中实现经验积累与能力发展。

二、幼儿主题式结构游戏的特点

幼儿主题式结构游戏是幼儿结构游戏的一种特殊形式，指在一段时间内围绕一个主题开展的系列活动，其主题的确定围绕师幼共同的兴趣点，其内容的选择依据幼儿的经验、年龄特点和学前阶段课程的教育内容等。主题式结构游戏打破领域之间的界限，将结构游戏创造性地融入幼儿的生活、运动、学习及其他各类游戏领域，围绕主题有机连接，体现教师预设和幼儿生成相结合，让幼儿获得与主题相关的经验和能力，使他们得以全面、均衡发展。

前一个课题"基于核心素养培养的幼儿园主题式结构游戏的实践研究"已取得显著成效，如主题式结构游戏为结构游戏领域的发展打开了一种新的探究视界，为进一步的研究积累了实证经验；主题式结构游戏为幼儿能更好地在"玩中学，学中玩"开辟了一条新的实践路径。在此基础上，本课题进一步研究并提炼出了以下主题式结构游戏的四大特点。

（一）幼儿主导且持续发展的主题

主题式结构游戏中主题的生发包含主题的生成与主题的发展。

关于主题生成样态。一般的结构游戏通过幼儿自由自主无界的搭建进行，没有根据幼儿的年龄、兴趣等预设特定的主题并创设相关环境，其生成状态偏向教师在前、幼儿在后。而在主题式结构游戏中，教师在旁作为观察者、支持者，幼儿自主选择并生成主题。

关于主题发展样态。一般的结构游戏由教师根据幼儿的搭建情况变换主题，保证建构作品的多样化，主题通常每周或每两周变换一次，从一个主题到另一个主题呈现平行式发展。而主题式结构游戏是让幼儿根据自己的兴趣选择主题，随着主题的开展，幼儿以兴趣为导向的认知内驱力逐渐深化，拓展出小主题，主题内容具有拓展性及整合性，呈纵横式发展。

（二）目标明确且富有弹性的计划

目标计划的制订有助于明确幼儿游戏的目的、识别所遇问题及寻找解决途径，从而提升幼儿的游戏能力和学习品质。在制订计划时，最重要的是明确目标。在一般的结构游戏中，由于主题的确定、创设均由教师完成，因此，幼儿对计划的制订受到了限制，较多地体现与主题一致的目标。教师通常在游戏开始前也不会提出计划制订的要求，以幼儿搭建为主。而主题式结构游戏的计划具有连续性、调整性、批判性，富有弹性。在主题式结构游戏中，幼儿始终记得任务的目标，会根据自己的意图制订计划并付诸实施。计划的连续性是随着主题的递进与拓展而决定的。在游戏的过程中，幼儿也会根据实际情况进行必要的调整，赋予计划弹性。幼儿交流讨论游戏计划的过程对其整个项目思维的形成有积极的促进作用，计划环节的有效组织将助推幼儿在主题式结构游戏过程中的深度学习。

（三）自主探索及团结协作的过程

一般的结构游戏在搭建过程中，幼儿往往围绕既定主题进行构建，由于自身年龄较小，积极性不高，他们在自主探索的过程中，面对困难无法完成时，可能会选择放弃或更换主题，没有足够的热情与兴趣支撑他们去探索。而在主题式结构游戏中，智力与非智力因素共同发挥作用、相互影响，从而激发幼儿浓厚的兴趣，支撑他们持续推进主题。在这一探究过程中，幼儿作为活动的主体，会自觉关注学习进程的发展状况。若发现偏差，他们能及时进行调整，积极努力地实现活动目标。

（四）经验交流及问题解决的回顾

在一般的结构游戏中，主要是教师将幼儿在活动过程中观察到的事物用照片或视频的形式在分享环节展示，借助场景还原帮助幼儿回忆当时发生的事件，并引导幼儿通过自我表述或集体讨论的方式共同解决问题。而主题式结构游戏则侧重于幼儿回顾过程，关注他们遇到了什么问题，以及遇到问题后是如何解决的，通过让幼儿进一步反思未来可以采取的改进措施，帮助他们梳理经验，联系已有经验整合新旧经验，从而培养幼儿的反思性学习能力，这有利于他们实现深度学习。回顾过程可以采取小组或集体两种组织形式，并根据幼儿所遇到的问题进行选择。此外，回顾的记录方式多样，包括绘画、语言、动作等多种表征方式。

第二节　如何开展幼儿主题式结构游戏：组织与实施

主题式结构游戏强调教师必须从幼儿的关注点或兴趣着手，设计可能的活动网络及与之匹配的暂时性计划，然后观察幼儿连续的经验与反应，在评估后加以调整。也就是说，教师必须在敏锐的观察下，随时关注孩子的兴趣点，并在适当的时候提供必要的支持，确保幼儿的持续性探索与学习。如图 5 所示，主题式结构游戏的组织与实施历经了三个阶段：确立主题阶段、自主探索阶段和展示评价阶段。

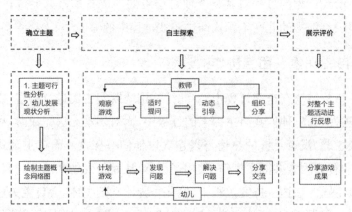

图 5　主题式结构游戏开展路径图

一、确立主题

开展主题式结构游戏的第一个阶段需要确定一个主题。然而,寻找主题的过程是价值判断的过程,既要关注幼儿对主题的探究兴趣,又要关注主题的探究价值,即要判断是否符合幼儿的年龄特点和当下的认知经验,是否便于幼儿在建构游戏中获取主题核心经验,是否能够激发幼儿在游戏中进行深度学习。

(一)在观察中找兴趣

游戏内容的选择需要基于幼儿的兴趣。然而对幼儿而言,兴趣并不是"说"出来的,更多的是通过行动表现出来的。因此,教师只要稍加留意能让幼儿表现出热衷、雀跃、经常提问的人、事、物等,就可能发现其兴趣点。如当幼儿反复搭建不同的轨道,并且对其充满好奇的时候,该游戏就有可能成为探究的主题。

(二)主题可行性分析

尽管兴趣是学习的驱动力,然而并非所有幼儿感兴趣的主题都适合进行可持续性的探究。教师应与幼儿进行交流,了解幼儿关于主题的共同经验有哪些;思考该主题的内容是否符合幼儿现有的发展水平;判断主题的核心经验是否足以激发幼儿通过观察、对比、多元表征等方式进行自主探究。

(三)幼儿发展现状分析

主题式结构游戏注重幼儿在游戏中自发参与、主动探究和表达,关注幼儿在原有认知水平上对知识的自主建构过程。因此,在确定主题前,教师必须通过游戏观察幼儿的已有认知经验,寻找幼儿的最近发展区,为接下来的主题核心经验的预设做好准备。

(四)师幼共同绘制主题概念网络图

网络图的绘制具有三个作用——明确主题可能发展的方向、了解幼儿可能需要的经验、便于创设探究情境。与幼儿一起商讨计划并绘制的网络图可以包含幼儿想要研究的各类问题、在研究问题时所需要的参考资料或资源,以及对一日活动的时间及空间的规划。

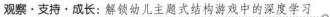

值得注意的是，网络图的绘制不只存在于游戏初期，而是贯穿整个游戏之中。因此，教师要为幼儿准备一定的留白处，以供幼儿在探究过程中将自己收集的主题相关信息、游戏中的发现、自己的游戏计划等纳入网络图中。

二、自主探索

在确定主题内容和主题方向之后，便进入自主探索阶段。在此阶段，幼儿全身心地投入结构游戏中，以"计划游戏—发现问题—解决问题—分享交流"的循环历程开启深度学习。而教师则基于观察，动态引导，以支持游戏的开展。

（一）为幼儿的游戏计划做好准备

在对主题的研究过程中，幼儿可依据网络图上想要探究的问题进行各项探究或分组探究。然而，随着游戏的不断推进，幼儿会自主地生成更多的游戏。这时，就需要教师不断地观察幼儿的游戏现状及需求，为幼儿的下一步游戏计划做好准备。例如在"轨道"主题初期，教师只提供了泡沫球和乒乓球，由于两种小球在重量上并没有明显的不同，幼儿也无法感知小球的重量到底会不会对滚动速度产生影响。于是，教师在原来的基础上又增加了三种不同大小的木球。在新材料投放后，幼儿利用不同材质、不同大小的球分别进行了对比实验，通过观察与分析，感知了小球的重量与速度之间的关系这一概念，并将这一概念应用到了其他游戏中。

（二）引导幼儿在情境中发现问题

学前儿童以具体形象思维为主，所以，他们学习和认知需要通过直接操作、亲自体验的方式，在具体的情境中发现问题。这些问题可以是幼儿在游戏过程中自己发现的，也可以是教师发现然后对幼儿提出的。值得注意的是，问题的提出必须基于幼儿的已有经验而形成挑战，必须能够激发幼儿去解决问题的动机，必须确保他们通过自身的努力或合作有成功的可能性。

（三）动态支持幼儿解决问题

幼儿在对主题进行深入研究的过程中会遇到很多问题。如何让幼儿利用已有经验解决这些问题呢？教师除了要敏锐地捕捉幼儿在游戏中出现问题的原因，更需要在关键时刻选择适宜的策略提供支持。如当幼儿在游戏中始终无法成功时，教师可以引导幼儿观察其他幼儿的行动，与同伴交流游戏方法；在分享环节中，可以引导幼儿帮助同伴对游戏中的问题出谋划策。又如当幼儿始终不明白为什么用一些材料可以成功，而用另一些材料却一直失败时，教师可以引导幼儿使用不同的材料尝试实验，通过观察、对比发现其中的不同之处，进而做出判断并解决问题。

（四）鼓励幼儿共享经验

深度学习强调在游戏中师幼之间、同伴之间的合作与经验共享。在此过程中，幼儿需要表达自己的观点；需要通过思考决定是否采纳别人的意见；需要与成人、同伴进行紧密的互动，通过交流、绘画等方式，使思考变得清晰，并有改正想法的机会。因此，教师要鼓励幼儿积极地与同伴进行交流。在主题式结构游戏开展前，教师可以引导幼儿自由选择合作伙伴，选择自己感兴趣的游戏内容，分享各自的想法，经过商讨后共同设计和绘制游戏计划书。在游戏开展过程中，教师可以引导幼儿向其他组学习，借鉴同伴的经验来解决自己在游戏中遇到的困难。在游戏分享环节中，教师可以引导幼儿通过照片、视频或自己的游戏故事等分享收获或失败，将经验分享给他人；也可以让幼儿通过集体的智慧，从不同的角度分析失败的原因，预设不同的问题解决方法。

三、展示评价

当幼儿对主题的兴趣逐渐转移、好奇心逐渐减弱，没有更深入的问题需要探究的时候，主题活动即进入结束阶段。在这个阶段中，教师主要帮助幼儿对整个活动进行回顾并选择一种方式进行展示交流。

（一）回顾学习过程

回顾是引导幼儿再次进入深度学习的过程。幼儿通过回忆主题式结构游戏的活动历程，反思自己在整个活动中的行为，同时对同伴的行为进行评价。在"轨道"主题中，当教师将游戏照片展示在主题墙上后，幼儿会主动翻看自己的游戏照片，回忆自己在游戏中遇到的问题，并为同伴讲述自己是如何发现问题的，或解释问题解决的方法等。

（二）分享学习成果

分享成果的过程是幼儿再一次回顾游戏和梳理经验的过程。分享的方式有很多种，可以是制作故事书，可以是现场的演示，也可以是视频讲解等。在此过程中，幼儿需要用各种方式对自己的经验进行表征。对教师而言，这也是评价幼儿在该主题式结构游戏中的深度学习情况及所积累的主题核心经验的良机。

综上所述，主题式结构游戏中的确定主题、自主探索、展示评价三个阶段是循序渐进的。教师应基于幼儿的兴趣和需要，动态支持幼儿在问题情境中发现问题，运用高阶思维将经验进行迁移，最终帮助幼儿实现深度学习。

第四章 应然与实然：探寻 主题式结构游戏中 幼儿的深度学习

第一节 理性思考：主题式结构游戏对促进 幼儿深度学习的独特价值

主题式结构游戏能够激发幼儿的好奇心和主动性。通过情境创设、亲身体验、实际操作等方式，可以促进幼儿在认知、情感、社交等方面的综合发展。在游戏过程中，幼儿可以自主发现问题、解决问题，从而实现深度学习。

一、有利于激发学习兴趣与主动性

主题式结构游戏围绕幼儿感兴趣的主题展开，能够迅速吸引幼儿的注意力，激发他们参与游戏和学习的热情。幼儿可以根据自己的兴趣和意愿选择游戏材料与内容，这种自主选择权能够极大地提升他们的学习主动性。

二、有利于助推问题解决

通过主题式结构游戏，幼儿能够在真实情境中主动建构知识，将新知识与已有经验相结合，形成自己的认知结构；此外，幼儿需要运用所学知识解决实际问题，这种实践经历有助于他们更好地理解和掌握知识，促进知识的迁移和应用，从而提升他们的问题解决能力。

三、有利于增进人际互动

要在主题式结构游戏中实现深度学习，离不开幼儿之间的人际交往和互动。这种合作和互动不仅能够帮助幼儿完成任务与挑战，还能增强他们的社会交往能力。通过与同伴的互动和交流，幼儿可以学会如何与他人相处、如何分享和合作等重要的社交技能。

综上所述，主题式结构游戏在问题解决、人际互动和情感体验三个方面均对促进幼儿深度学习具有显著的价值和作用。通过游戏，幼儿能够培养问题解决能力、社交能力和情感管理能力，为他们的全面发展奠定坚实的基础。

第二节　现状探寻：主题式结构游戏中幼儿深度学习的发生与缺失

在前文中，我们共同探讨解析了幼儿的深度学习，我们发现幼儿在主题式结构游戏中的深度学习确有发生，但在部分维度中，幼儿的深度学习是缺失的。因此，我们对不同年龄段的幼儿开展了深度学习的现状调查，以明确不同年龄段幼儿深度学习行为的发展状况，探寻幼儿深度学习发生与缺失的具体原因，为我们深入理解与支持幼儿深度学习提供依据，也为后续的实践提供有价值的参考。

一、调查工具

我们根据自编的"主题式结构游戏中幼儿深度学习行为记录表"（附录一）收集数据，并进行了整理分析。在主题式结构游戏中，幼儿深度学习的具体行为可分为建构行为、认知发展、情感体验三个维度 14 个指标，分别为目标计划、沟通互动、问题解决、求异创新、团队合作、勇于探究、勤于反思、批判质疑、客观评价、信息意识、好奇与兴趣、坚持与专注、积极主动、审美情趣。当幼儿出现某一行为就赋 1 分，无此行为则赋 0 分。

二、调查对象

本次调查的对象是随机选择的王港幼儿园各年龄段幼儿共 60 名,其中小班 15 人、中班 20 人、大班 25 人。

三、调查结果与分析

不同年龄段的幼儿在主题式结构游戏中的深度学习行为平均分如表 1 所示。我们利用方差分析研究了不同年龄段幼儿在目标计划、沟通互动、问题解决、求异创新、团队合作、勇于探究、勤于反思、批判质疑、客观评价、信息意识、好奇与兴趣、坚持与专注、积极主动、审美情趣上的差异性,从表 1 可以看出:不同年龄段幼儿的以上行为的显著性 p 值均小于 0.05,这意味着他们的以上行为没有明显的差异。

表 1　不同年龄段幼儿深度学习行为方差分析

	组别(平均值±标准差)			F	p
	小班($n=15$)	中班($n=20$)	大班($n=25$)		
目标计划	0.20 ± 0.41	0.40 ± 0.50	0.44 ± 0.51	1.223	0.302
沟通互动	0.33 ± 0.49	0.50 ± 0.51	0.44 ± 0.51	0.472	0.626
问题解决	0.13 ± 0.35	0.20 ± 0.41	0.36 ± 0.49	1.484	0.235
求异创新	0.07 ± 0.26	0.15 ± 0.37	0.08 ± 0.28	0.410	0.665
团队合作	0.20 ± 0.41	0.35 ± 0.49	0.48 ± 0.51	1.606	0.210
勇于探究	0.13 ± 0.35	0.25 ± 0.44	0.32 ± 0.48	0.852	0.432
勤于反思	0.13 ± 0.35	0.20 ± 0.41	0.32 ± 0.48	0.989	0.378
批判质疑	0.07 ± 0.26	0.05 ± 0.22	0.24 ± 0.44	2.167	0.124
客观评价	0.00 ± 0.00	0.15 ± 0.37	0.20 ± 0.41	1.668	0.198
信息意识	$0.07+0.26$	0.20 ± 0.41	0.20 ± 0.41	0.701	0.500
好奇与兴趣	0.27 ± 0.46	0.45 ± 0.51	0.32 ± 0.48	0.699	0.501
坚持与专注	0.07 ± 0.26	0.10 ± 0.31	0.24 ± 0.44	1.394	0.256
积极主动	0.07 ± 0.26	0.10 ± 0.31	0.20 ± 0.41	0.847	0.434
审美情趣	0.00 ± 0.00	0.05 ± 0.22	0.12 ± 0.33	1.138	0.328

图 6 是不同年龄段幼儿深度学习行为现状，我们可以看到，随着幼儿年龄的提高，他们在主题式结构游戏中的部分行为平均分也在提高，如勇于探究、勤于反思、团队合作、坚持与专注、审美情趣、客观评价、目标计划、积极主动、问题解决这九个指标。其中，小班幼儿在审美情趣和客观评价两个方面的行为是缺失的；相比之下，中班和大班幼儿在审美情趣和客观评价上有一定的表现，但平均分仍然较低。

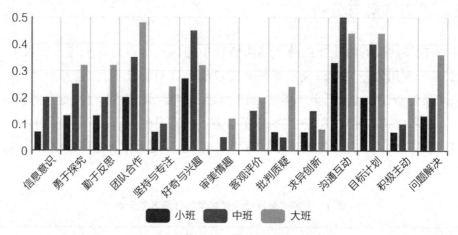

图 6 不同年龄段幼儿深度学习行为现状

参与调查的幼儿在主题式结构游戏中深度学习行为的整体平均分如图 7 所示。从中可以看出，幼儿在沟通互动、目标计划、团队合作、好奇与兴趣方面的行为表现较好，在审美情趣、求异创新、客观评价、批判质疑等需要用到高阶思维来体现深度学习的行为表现较差。在沟通互动方面，幼儿能够较好地与同伴进行交流与合作。在目标计划与团队合作方面，幼儿也表现出了一定的规划能力与团队协作能力，能够在游戏中共同完成任务。然而在审美情趣、求异创新、客观评价、批判质疑等高阶思维方面，幼儿的行为表现仍有待提升。这些高阶思维对幼儿的深度学习至关重要，能够帮助他们更好地理解游戏内容，提高解决问题的能力，并让他们在游戏中获得更全面的发展，这就需要教师借助多样化的支持来促进幼儿的深度学习与发展。

通过调查，我们发现幼儿在主题式结构游戏中深度学习行为的发生与年龄的增长呈正相关，但在不同维度上表现出了差异性。尽管幼儿在沟通互动、目标计划和团队合作方面表现得较为突出，但在审美情趣、求异创新、客观评价、批判

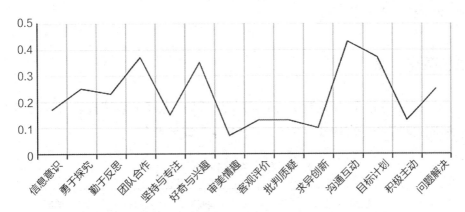

图 7　幼儿深度学习行为现状折线图

质疑等方面仍有待提升。因此,对于幼儿深度学习行为已有发生的维度,教师需要在后续实践中提供支持;而对于缺失的部分,教师更应积极介入,以促进幼儿全面发展。

第三节　问卷调查:教师对主题式结构游戏中幼儿深度学习的认识与不足

主题式结构游戏作为促进幼儿深度学习发展的重要途径,日益受到教师的重视。通过考查教师的认识现状,可以综合分析当前教师对主题式结构游戏中幼儿深度学习内涵的理解程度、研究初期教师在主题式结构游戏中对幼儿深度学习观察与支持实践应用中的挑战和困惑,为后续探讨提升策略、优化实践奠定坚实的基础。

一、调查工具

为调查教师对主题式结构游戏中幼儿深度学习的认识,本课题采用了"基于观察的幼儿主题式结构游戏中深度学习的支持研究现状调研(教师问卷)"(附录三)作为研究工具,包括教师基础信息(3题)、教师对主题式结构游戏中幼儿深度学习的认识现状(3题)，共 6 题。

二、调查对象

本课题对 S 市 W 幼儿园 50 名一线带班教师发放了问卷调查表，涵盖了不同教龄、职称和学历层次的教师群体。具体样本构成见表 2。

表 2　教师问卷样本的基本信息

	教龄(年)		职称			学历	
	1—5	＞5	初级	中级	高级	专科	本科
占比(%)	51.06	48.94	62.95	30.69	6.36	4.43	95.57

从教龄上看，教龄为 1—5 年的教师占比为 51.06％，教龄超过 5 年的教师占比为 48.94％。这表明样本较为均衡地包含了新入职的教师和有较长教龄的教师，能够反映不同教学经验水平下教师的观察行为与需求。

从职称分布上看，62.95％的教师为初级职称，30.69％的教师为中级职称，6.36％的教师为高级职称。初级职称教师占大多数，表明样本主要以相对年轻或刚入职的教师为主。但样本也包含部分经验丰富的中高级职称教师。可以说，样本覆盖了不同的职称层次。

从学历来看，95.57％的教师拥有本科以上学历，只有 4.43％的教师为专科学历。可以看出，样本中大多数教师受过高等教育，具备较高的教育背景，能够为分析教师观察幼儿深度学习提供具有代表性的样本基础。

三、调查结果

本课题通过问卷星发放问卷，共回收问卷 50 份，其中的 47 份为有效问卷，作为样本计入研究。具体分析如下。

(一) 教师对主题式结构游戏中幼儿深度学习的内涵理解不足

编码者通过 NVivo 20.0 软件对问卷调查表中第二部分的问题 1"您理解的

深度学习是什么"的回答进行了编码。第一步，编码者逐一阅读47份问卷的文本回答，根据回答的具体性和专业性归纳出三大类。第一类是模糊或笼统的回答。这些回答往往只是对学习或游戏进行了宽泛描述，缺乏对深度学习这一概念的清晰理解，如部分教师回答"幼儿通过游戏学习"或"幼儿自己探索"，未提及深度学习的具体特征。此类回答被编码为"Q1-1"。第二类是不了解或未能回答。部分教师表示对深度学习这一概念不清楚，或者没有提供任何实质性的回答，如"我不清楚"或空白答案。此类回答被编码为"Q1-2"。第三类是准确描述深度学习。这些回答能够涉及深度学习的关键特征，如提到幼儿的持续认知发展、批判性思维、问题解决能力等，体现出对深度学习准确的理解。此类回答被编码为"Q1-3"。第二步，编码者根据上述分类标准，对47份问卷中的每个回答进行了编码，并按类别进行汇总，每位教师的回答只能归入一个类别。第三步，在编码完成后，编码者统计每个类别中的教师人数，并计算其所占的百分比。

表3 教师对幼儿深度学习理解情况的分类统计

理解情况	教师人数	百分比(%)
模糊或笼统地回答	25	53.2
不了解或未能回答	15	31.9
准确描述深度学习	7	14.9
总计	47	100

如表3所示，模糊或笼统的回答占比高达53.2%，即大多数教师对深度学习的理解停留在较为表面的层次，通常只关注到幼儿的游戏活动或探索行为。这表明，虽然这部分教师在工作中可能关注到了幼儿的学习过程，但他们对深度学习的具体内涵，如批判性思维、持续认知发展等缺乏深刻的认识。31.9%的教师表示不了解或未能准确回答，仅14.9%的教师能准确描述深度学习，如提到认知发展的连续性、社交互动对学习的影响等。调查表明，幼儿园教师在该领域的专业知识还存在明显的不足，只有少部分教师掌握了较为深入的理论知识，并能够与教学活动相结合。

（二）教师在主题式结构游戏中对幼儿深度学习效果的评估方法缺乏科学依据

三位编码者对问卷调查表中第二部分的问题3"您如何评估幼儿在主题式结构游戏中的深度学习效果"的回答进行了编码。第一步，通过阅读教师的回答，编码者将评估方法归纳为三大类。第一类是难以评估或依赖幼儿的兴趣或投入度。这类回答说明教师对深度学习的评估缺乏科学标准，主要依赖幼儿在游戏中的兴趣或投入程度，如部分教师回答"看孩子是否对游戏感兴趣"或"通过参与时间来判断"。此类回答被编码为"Q2-1"。第二类是通过社交互动或任务完成情况进行评估。部分教师提到了通过幼儿在游戏中的社交互动或完成任务的表现来评估其深度学习情况。此类回答被编码为"Q2-2"。第三类是使用具体的观察标准或工具。少数教师提到使用标准化的观察工具或具体的评估标准（如行为检核表）来评估幼儿的深度学习情况。此类回答被编码为"Q2-3"。第二步，编码者根据上述分类标准，对每份问卷的评估方法进行编码，将每位教师的回答归入相应的类别。第三步，编码者对47份问卷的编码结果进行统计，计算出各类别中教师人数的比例。

表4　教师评估幼儿深度学习方法的分类统计

评估方法	教师人数	百分比（%）
难以评估或依赖幼儿的兴趣或投入度	30	63.8
通过社交互动或任务完成情况进行评估	10	21.3
使用具体的观察标准或工具	7	14.9
总计	47	100

如表4所示，63.8％的教师依赖幼儿的兴趣或投入度进行评估，21.3％的教师通过幼儿的社交互动或任务完成情况进行评估，仅14.9％的教师使用标准化的工具或量表进行评估。这说明大多数教师在主题式结构游戏中对幼儿的深度学习效果并没有科学的评估标准，而是依靠直接的观察。这种方法虽然在一定程度上能反映幼儿的参与情况，但并不能全面衡量幼儿的深度学习效果。

第四节　访谈分析：教师对主题式结构游戏中支持幼儿深度学习的策略运用与不足

在探索主题式结构游戏促进幼儿深度学习的实践中，教师的策略运用成了一个不可忽视的关键环节。本课题运用访谈分析细致剖析了教师在主题式结构游戏中，如何运用各种策略来支持幼儿的深度学习，并揭示了其中存在的不足之处。通过倾听教师的心声与经验分享，我们期望能够勾勒出当前实践中策略运用的全貌，揭示其成效与不足，从而优化各类支持策略的运用，激活教师在主题式结构游戏中支持幼儿深度学习的智慧。

一、访谈工具

我们结合前期所获取的相关文献资料及专家的提点，自编制定了"基于观察的幼儿主题式结构游戏中深度学习的支持研究现状调研（教师访谈提纲）"对教师进行了行为事件访谈（以下简称"访谈纲要"，详见附录四）。

访谈纲要包括三个部分：第一部分是访谈者的基本信息，第二部分是主题式结构游戏中教师观察现状，第三部分是教师对主题式结构游戏中幼儿深度学习的支持策略。我们通过具体案例了解了教师在主题式结构游戏中支持幼儿深度学习策略的运用现状，并将访谈的录音转换为文本，使用统计分析软件 NVivo 20.0 对结果进行了归纳总结。

二、访谈对象

结合前期调查问卷的相关数据及专家意见，考虑教师的教龄、职称、学历等基本信息，我们随机选取了幼儿园不同学历、职称和教龄的 15 名教师作为访谈对象。详细信息见表 5。

表5　教师访谈样本的基本信息

编号	职称	第一学历	教龄(年)
1	一级教师	专科	26
2	高级教师	专科	17
3	高级教师	本科	14
4	一级教师	本科	10
5	一级教师	本科	9
6	二级教师	本科	7
7	二级教师	本科	7
8	一级教师	本科	7
9	一级教师	本科	6
10	二级教师	本科	5
11	二级教师	本科	4
12	二级教师	本科	4
13	二级教师	本科	4
14	二级教师	本科	3
15	二级教师	本科	3

注：教师编号以教龄年限从长到短、学历由低到高依次排序。

三、访谈实施

访谈前准备：我们通过微信和电话与被访谈的教师进行联系，取得了访谈会面和录音的许可，并提前告知访谈问题，使其做好相应的准备工作。我们准备了两台录音设备，确保访谈过程录音完整，并发放了访谈纲要。（声明：录音行为及保密工作均获被访者同意后正式开始访谈。）

访谈资料收集及编码过程：编码小组由三名学前教育研究生组成，他们将收集到的教师访谈录音进行了整理。如表6所示，共收集到15份录音样本，每人转录文字7506—9108字，总计转录文字124605字。

表6　教师行为事件访谈资料编码信息

访谈人数	录音样本	个体访谈时间	个体转录文字数	总计转录文字数
15人	15份	平均20分钟	7506—9108字	124605字

编码频次信度验证：编码组在"幼儿主题式结构游戏深度学习行为检核表1.0"（以下简称"检核表"）的基础上，共同对 1—3 号编码样本进行了编码处理，达成了一致的编码标准。然后，编码组将编码频次输入 NVivo 20.0 中进行了编码比较查询，经过比对，研究的编码频次统计结果如表 7 所示，三份样本各自的 kappa 值均＞0.4，属于中等一致性，故编码信度有效可信。最后，编码组同样对剩下的 12 份访谈文本记录进行了编码。

表 7　NVivo 编码频次信度验证

样本号码	三位编码员相似度	三位编码员 kappa 值
1 号样本	69.45%	0.5434
2 号样本	63.9%	0.4922
3 号样本	71.55%	0.6355
总样本	68.3%	0.5270

四、访谈结果

（一）教师对幼儿深度学习行为指标的认识和理解不够，导致支持策略局限于基础层面

编码者依据检核表，对所有访谈转录文本进行编码，共编码了 1016 次。第一层级中有 2 项指标编码频次超过 100 次；第二层级中为绝大多数的编码有 9 项，频次均在 43 次以上，平均编码频次为 62.8 次；第三层级包含 2 项，平均编码频次为 20.5 次，四个层级的平均编码以 40 为常量等差递减。

表 8　指标编码频次层级表

层　级	平均编码频次	编码频次分组	教师关注的指标维度
一	166	(100,200)	问题解决
		(80,100)	坚持与专注
二	62.8	(60,80)	目标计划
		(50,60)	积极主动
		(40,50)	客观评价

续　表

层　级	平均编码	编码频次	教师关注的指标维度
	频次	分组	
三	20.5	(20,40)	勤于反思
		(10,20)	批判质疑
四	8	(0,10)	勇于探究

从访谈的编码结果(表8)可见,教师意识到了需要在游戏中根据深度学习指标来给予幼儿支持。教师支持策略的运用主要集中在较为基础的学习维度上,如坚持与专注、积极主动、问题解决、目标计划等,编码频次相对较高。相比之下,勤于反思和批判质疑等涉及幼儿深度学习核心特征层面上的学习行为则较少得到教师的关注,而勇于探究得到关注的频次最低,这说明教师较少会引导幼儿通过发现问题、收集和处理信息来寻找问题的答案。这些数据表明,教师在主题式结构游戏中观察和支持幼儿深度学习的各项指标维度方面做得还不够充分,在整体上对幼儿深度学习支持策略的系统理解和运用仍存在不足。

(二) 观察方法单一,限制了教师对幼儿多维度表现的捕捉,影响了支持策略的多样性

首先,我们对访谈题目"您在观察幼儿参与主题式结构游戏时,通常采用哪些观察方法"进行了统计,结果如图8所示,53.33％的教师仅使用了1种观察方法,26.67％的教师使用了2种观察方法,13.33％的教师使用了3种观察方法,仅有6.67％的教师使用了4种以上观察方法。由此可见,大多数教师在观察幼儿时依赖的观察手段非常有限。

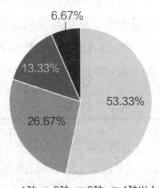

图8　教师使用观察方法数量情况统计

然后,我们对访谈问题"这些方法是否能够帮助您全面捕捉幼儿的认知、情感和社交互动等多维度表现"进行了统计,根据教师的回答,将其归纳为三大类:第一类是很少能捕捉到幼儿的多维度表现,即教师认为现有的观察方法难以全面捕

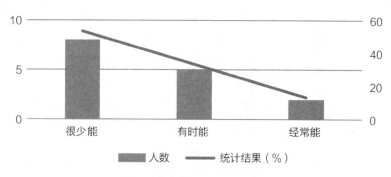

图9 教师多维度捕捉幼儿行为的情况统计

捉幼儿的认知、情感和社交互动等多维度表现,如"我觉得很难观察到他们的认知变化,只能看到一些表面现象";第二类是有时能捕捉到幼儿的多维度表现,即教师有时能通过观察捕捉到部分幼儿的认知、情感或社交互动的表现,但不够系统,如"有时候我能捕捉到他们的情感反应和社交互动情况,但不是每次都能注意到";第三类是经常能捕捉到幼儿的多维度表现,即教师认为现有的观察方法能够较为容易和全面地捕捉到幼儿的多维度表现,如"基本能发现,没有困难"。在完成对所有教师回答的编码后,我们再对各编码类别中的教师人数进行统计,并计算其所占的百分比。结果如图9所示,53.4%的教师表示很少能捕捉到幼儿的认知、情感和社交互动等多维度表现,33.3%的教师有时能捕捉到,仅13.3%的教师经常能捕捉到。

以上这些数据表明,教师的观察方法较为单一,无法全面捕捉到幼儿在认知、情感、社交互动等不同维度的深度学习行为。大部分教师在观察中依赖简单的直接观察手段,忽视了幼儿在深度学习过程中的多维度表现。幼儿的深度学习往往在多个维度上表现出不同的行为特点,但教师的观察深度不足,难以为幼儿的深度学习提供全面和多样化的支持。

(三)外部条件不足,制约了教师在游戏中对幼儿深度学习的有效支持

从教师的反馈中可以看出,虽然教师已经采取了一些基本的外部条件支持策略,但在实施过程中仍存在一些问题。这些问题主要集中在结构材料投放的不足、时间安排的局限性、游戏环境设置缺乏互动性等方面。

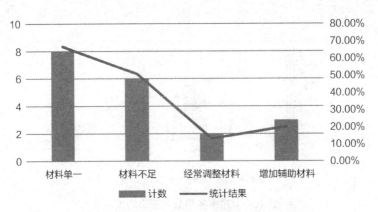

图10　教师在访谈中提到的材料投放习惯词频统计

　　从图10可以看出，在教师的访谈中，"材料单一"出现频繁，而"经常调整材料""增加辅助材料"出现的频率较低。可见，受访的大部分教师在选择投放材料时，习惯运用班级现有的结构游戏材料，经常调整或更新材料的情况较少。游戏材料的投放较为主观和随意，且在材料提供方面，教师主要用幼儿园提供的各类现有结构材料，很少投放辅助材料。如小班教师C说："有时候我提供给孩子们一种很好玩的材料，他们会一窝蜂地选择这种材料，导致材料的一时不足，但有时候我提供的材料孩子们就是不喜欢或不愿意搭建。"这从侧面也反映出，材料的不适宜会限制幼儿在游戏中的乐趣体验与深入探索学习的能力。这种局限性不仅体现在孩子们难以从游戏中获得充分的乐趣，更在于它阻碍了他们对知识、技能和经验的深度挖掘与学习。在这一过程中，教师的材料支持策略显得尤为重要。教师应根据幼儿的兴趣、年龄特点和发展需求选择适宜的材料，并提供恰当的支持与引导，以促进幼儿的深度学习和发展。

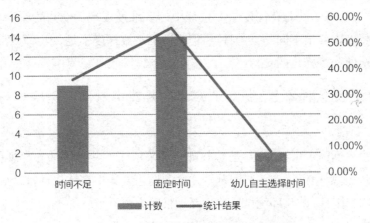

图11　教师在访谈中提到的时间安排方面词频统计

在时间安排方面,教师面临的局限较为突出。如图 11 所示,教师在访谈中多次提到"时间不足"和"固定时间",表明教师在游戏时间的分配上存在固定模式,未能根据孩子们的需要灵活调整游戏时间。如大班教师 D 说:"有一次我们在开展一个大型的搭建活动时,游戏时间只有 40 分钟,孩子们还没有根据他们的设想完成,时间就不够了,这时候停下来,孩子们的思路就断了,且意犹未尽。孩子们会跟我抱怨,这样的情况有很多次。"如果时间安排过于固定,可能会限制幼儿在最佳状态下的参与度,进而影响他们在游戏中深度学习行为的产生。幼儿在成长过程中,需要有足够的自由和灵活度来探索。当游戏时间被严格规定时,可能会导致幼儿在游戏中更关注遵守时间规则,而不是沉浸在游戏的探索和发现过程中。因此,我们应该考虑到每个孩子的个性化需求,为他们提供一个更加灵活和包容的游戏环境,让他们能够在不受时间限制的情况下,自然而然地进入深度学习的状态。

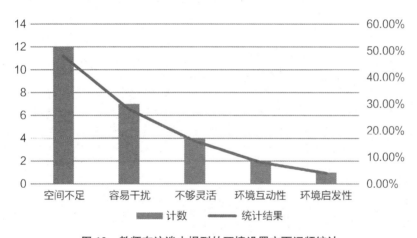

图 12　教师在访谈中提到的环境设置方面词频统计

环境设置单一、缺乏互动性可能会降低幼儿的探索欲望,限制他们创造力和想象力的发展。如图 12 所示,较多教师提到了"空间不足"和"容易干扰",较少教师提到了"环境互动性"及"环境启发性"。这说明较多教师意识到了在环境支持方面存在的不足。如大班教师 A 说:"我们的主题结构环境展示了孩子们的作品,但只是放在那边展示而已,我还是想再调整一下的。"小班教师 E 说:"在每次设计我们小班的主题墙时,我都需要绞尽脑汁,总是想要融入主题建构的元素,但孩子们搭建的作品有时候不够完美,展示在墙上会显得不那么美观和谐。"其实,当孩子们有机会接触各种各样的材料和情境时,他们能够通过实践和想象构建自己的知识体系,并发展解决问题的深入思考能力。因此,创造一个丰富多样且鼓励互动的环境对促进幼儿的深度学习显得尤为重要。

综上所述，我们通过前期的现状调查发现，教师对幼儿深度学习行为指标的认识和理解仍存在不足，支持策略主要集中在基础层面，如坚持与专注、积极主动和问题解决，对涉及深度学习核心特征的勤于反思和批判质疑等高阶学习维度的关注较少。此外，教师在观察幼儿深度学习时，观察方法较为单一，无法全面捕捉到幼儿的认知、情感和社交互动等多维度表现，导致其支持策略的多样性和系统性不足。访谈还表明，教师在实施外部条件支持策略，包括材料的投放、时间的安排及环境的设置等方面缺乏灵活性和互动性，这也进一步制约了教师对幼儿深度学习的有效支持。这些现象表明，教师在支持幼儿深度学习的过程中，亟须通过系统科学的理论及实践指导来提升对幼儿深度学习的理解，并改善观察方法与多样化支持策略的运用，从而更好地促进幼儿在主题式结构游戏中的深度学习。

第五章　观察解锁：主题式结构游戏中幼儿深度学习的观察设计

第一节　主题式结构游戏中幼儿深度学习的观察框架与指标

在研究主题式结构游戏中幼儿深度学习的框架与指标时，我们首先明晰了框架，将深度学习分为认知、行为、情感三个维度，并结合相关指南和以往研究成果，提炼了 14 个具体观察指标。随后，在调整优化阶段，我们反思了检核表的实用性和指标表述的清晰度，对发展指标和具体行为表现进行了调整与优化，以期更好地指导教师观察和理解幼儿在主题式结构游戏中的深度学习行为。最后，随着文献的不断更新和学习，我们细化和整合了三个维度，提炼了 12 个发展指标。

一、第一阶段：明晰框架

（一）划分维度，梳理发展指标

研究初始，我们根据弗雷德里克斯（Fredricks）、AECT、威廉和弗洛拉·休利特基金会及国内外学者对深度学习内涵的解释，将深度学习分为认知、行为、情感三个维度，并结合《3—6 岁儿童学习与发展指南》《上海市学前教育课程指南》，以及前一轮课题研究成果中"幼儿核心素养"的基本点，梳理并提炼了主题式结构游戏中幼儿深度学习的具体观察内容，包括三个维度 14 个指标，并对所有指标进行了概念界定，为后期进一步设计"主题式结构游戏中幼儿深度学习行为检核表"奠定了基础和方向。

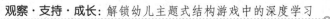

表9　主题式结构游戏中幼儿深度学习行为检核表1.0

维度	关键发展指标	概念界定
行为	目标计划	幼儿在活动中始终记得任务的目标，能根据自己的意图制订计划并付诸实施
	沟通互动	幼儿与他人之间传递信息、传播思想、传达情感，并相互作用、相互影响的行为和过程
	问题解决	幼儿有目的地运用各种认知活动、技能等一系列操作，使问题得以解决的过程
	求异创新	幼儿有别于常规或常人的思路和见解，并有以此来改进或创造新的事物、方法和环境等行为
	团队合作	幼儿与同伴为了一个共同的目标，相互支持、分工、协作、奋斗的过程
认知	勇于探究	幼儿能积极动手动脑，通过发现问题、收集和处理信息来寻找问题答案的过程
	勤于反思	能经常对自己的计划、过程和结果等有审视的意识和习惯，学着总结经验
	批判质疑	幼儿具有问题意识，能独立思考和多角度分析问题，做出选择和决定等
	客观评价	能够综合考虑各种因素，得出一个公允的评价并进行描述
	信息意识	幼儿能利用计算机和通信工具、图书等媒介，有获取信息的思想和认识，是对信息的敏感程度的体现
情感	好奇与兴趣	幼儿对周围现实生活的各种问题是否表现出热情与好奇
	坚持与专注	幼儿是否能够坚持完成必要的学习任务，是否能做事专心，不三心二意
	积极主动	幼儿是否愿意参加活动
	审美情趣	以幼儿个人爱好的方式表现出来的审美倾向（对美的认识和评价），是幼儿欣赏、鉴别、评判美丑等审美能力的体现

（二）梳理各年龄段幼儿深度学习行为表现

我们根据上一轮课题研究中积累的相关案例，结合《3—6岁儿童学习与发展指南》中不同年龄段幼儿的表现，提炼并梳理了三个维度14个发展指标下不同年龄段幼儿的具体表现，形成了"主题式结构游戏中幼儿深度学习行为检核表2.0"（如表10所示），给教师的实践研究明确了方向，并更具操作性。

表 10　主题式结构游戏中幼儿深度学习行为检核表 2.0

维度	发展指标	概念界定	行为表现
行为	目标计划	在活动中始终记得任务的目标,能根据自己的意图制订计划并付诸实施	小班:大部分幼儿为先搭后想,没有明确的目标 中班:有制订计划和构造计划书的意识,并能初步尝试根据计划进行构造 大班:能用多种方式制订计划,并按计划完成作品
	沟通互动	与他人之间传递信息、传播思想、传达情感,并相互作用、相互影响的行为和过程	小班:愿意表达自己的作品 中班:愿意表达与倾听他人的观点,并尝试提出自己的想法 大班:倾听和整合其他人的反馈与观点,为同伴提供建设性且合适的反馈
	问题解决	有目的地运用各种认知活动、技能等一系列操作,使问题得以解决的过程	小班:能从兴趣出发,尝试发现问题并运用已有经验解决搭建过程中的简单问题 中班:能运用已有经验、认知、技能等解决搭建过程中的多种问题 大班:能整合多种经验与方法解决搭建过程中的复杂问题
	求异创新	有别于常规或常人的思路和见解,并有以此来改进或创造新的事物、方法和环境等行为	小班:能尝试根据自己的已有经验进行搭建 中班:有别于他人的想法,愿意尝试改变搭建材料或方法等搭建不同的或创新的结构作品 大班:在搭建过程中能进行材料、环境、方法、作品等多方面的创新
	团队合作	与同伴为了一个共同的目标,相互支持、分工、协作、奋斗的过程	小班:能与同伴共享游戏材料,共同搭建 中班:能自由结伴,尝试分工,进行合作搭建 大班:能认同共同商定的目标并开展合作,有序分工,实现计划
认知	勇于探究	能积极动手动脑,通过发现问题、收集和处理信息来寻找问题答案的过程	小班:有探究意识,愿意动手操作 中班:愿意动手动脑,用自己喜欢的方式大胆探究 大班:运用多种方法收集并筛选有用的信息进行构造探索,积累主题认知经验
	勤于反思	能经常对自己的计划、过程和结果等有审视的意识与习惯,学着总结经验	小班:在教师的引导下,尝试思考搭建中的问题 中班:愿意回顾自己搭建过程中的问题 大班:能经常运用观察、比较、分析、概括、判断等方法反思游戏计划、过程及结果等,能准确而有条理地表达自己的想法

续　表

维度	发展指标	概念界定	行为表现
认知	批判质疑	具有问题意识，能独立思考和多角度分析问题，做出选择和决定等	小班：基于生活经验对作品的明显特征提出疑问 中班：能独立思考，发现问题，表达自己的想法与建议 大班：能发现自己或同伴遇到的问题并形成假设，通过推理形成合理反馈来支持假设
	客观评价	能够综合考虑各种因素，得出一个公允的判断并进行描述	小班：在教师的引导下，尝试进行简单的评价 中班：能主动进行简单、客观的自评和他评 大班：能够认真做出自评和他评，在教师的引导下能表达自己遇到的问题
	信息意识	幼儿能利用计算机、通信工具、图书等媒介，有获取信息的思想和认识，反映出对信息的敏感程度	小班：愿意收集信息，乐意与同伴分享信息 中班：能尝试多渠道收集信息，具有运用信息的意识 大班：能多渠道、多领域获取信息，具有筛选、整合信息的意识
情感	好奇与兴趣	对周围现实生活的各种问题是否表现出热情与好奇	小班：对主题内的事物感兴趣 中班：能根据自己感兴趣的事物生成主题并乐于参与搭建 大班：能在拓展主题经验的过程中不断延伸出自己感兴趣的小主题
	坚持与专注	能够坚持完成必要的学习任务，做事专心，不三心二意	小班：在不受干扰的前提下，围绕主题，专心搭建 中班：受到干扰后能继续回到原来的游戏中 大班：始终专注于主题建构任务，能在初步完成的基础上继续完善和调整
	积极主动	意愿与整体长远目标相统一，不向困难低头	小班：愿意参与到游戏中，并尝试自主挑选材料和场地 中班：能主动参与到游戏中，并自主挑选材料、场地与玩伴 大班：能积极参与到游戏中，并自主挑选材料、场地、玩伴，自主商定计划
	审美情趣	以幼儿个人爱好的方式表现出来的审美倾向（对美的认识和评价）	小班：能关注颜色、形状和大小，尝试模仿和创造简单的结构 中班：能运用结构材料进行简单的组合和排列，对材料的材质、颜色和形状进行选择时会注重整体结构的和谐与美观 大班：能注重细节的处理和整体效果的呈现，追求作品的独特性和创新性

二、第二阶段：调整优化

通过不断收集和查找最新资料，我们不断地在反思这样一个问题：什么样的检核表更便于教师观察？如何表述更便于教师理解各项指标的内容？为此，我们结合《幼儿园教育指导纲要（试行）》《3—6岁儿童学习与发展指南》并进行梳理，对"幼儿主题式结构游戏中深度学习行为检核表"进行了以下修改。

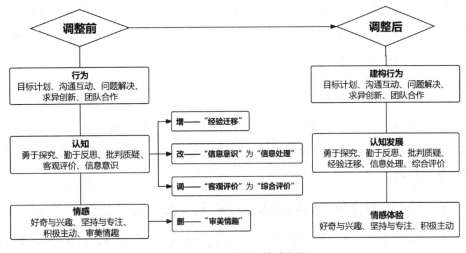

图 13　第二阶段调整对比图

（一）调整与完善发展指标要点——厘清关系，增减有思

1. 增——新增"经验迁移"

在对美国研究学会总结出的《深度学习的相关能力框架》的研究中我们发现，深度学习的认知领域包含了两个能力维度，其中之一就是"核心内容知识的掌握"，主要是指获得对某一学科知识的基本理解，并将知识迁移到另一情境之中。我们在长期积累的实践经验中发现，幼儿会将自己的已有经验运用到另一游戏中，生成新的游戏内容。基于此，我们在"认知发展"这一维度中加入了"经验迁移"这一发展指标。

2. 改——"信息意识"改为"信息处理"

信息意识是指幼儿能利用计算机和通信工具、图书等媒介，有获取信息的思想和认识，是对信息的敏感程度的体现。然而在对布鲁姆及安德森的目标分类进行研究时，我们发现幼儿进行深度学习的过程，不仅是对信息的识记，更强调对信息的转化、解释、推理、分析等，且其程度逐步递增。从这个意义上来说，幼儿只有在游戏情境中不断地将收集到的信息进行加工、重组，并迁移到另一游戏中，才能实现"为迁移而学习"，使经验的积累在结构游戏中围绕主题呈现螺旋式上升。

3. 调——"客观评价"调整为"综合评价"

小班幼儿自我中心倾向明显，而中大班幼儿对周围的人和事物的理解能力有所增强，自我评价能力也逐步发展，会多方面地关注和表达对事物的理解和感受。但是，在日常观察中，我们发现要孩子们公允、客观地描述与评价自己和他人很难，他们往往带有主观意识和"有色眼镜"，很难做到用客观的眼光去看待一件事物并做出客观评价。因此，我们认为幼儿的评价还是有所体现的，只是不够客观。基于此，我们将"客观评价"调整为"综合评价"。

4. 删——删除"审美情趣"

审美情趣主要指向了幼儿的审美倾向及欣赏、鉴别、评判美丑的审美能力。经过课题组成员深入研讨与慎重考量，我们达成了共识：幼儿在进行主题式结构游戏时产生或表现出的审美情趣并不能体现或达到深度学习这一层面，因此，我们删除了这一指标。

（二）梳理与优化具体行为表现——从年龄分层调整为水平分层

针对开题论证会上专家提出的"行为表述幼儿化"的意见，同时结合教师在访谈中呈现的"对幼儿深度学习行为指标的认识和理解不够"的现状，我们试图调整三个年龄段幼儿具体行为表现的表述。但是在调整的过程中，我们再次发现由于幼儿的发展存在差异，无法直接用年龄段来划分幼儿的发展水平，因此，我们进一步将三个年龄段的具体行为表现调整为三个水平，方便教师进行观察和支持，形成了"主题式结构游戏中幼儿深度学习行为检核表 3.0"（见表 11）。

表 11　主题式结构游戏中幼儿深度学习行为检核表 3.0

维度	发展指标	概念界定	具体行为表现		
			水平 1	水平 3	水平 5
建构行为	目标计划	在活动中始终记得任务的目标，能根据自己的意图制订计划并付诸实施	能制订简单的计划，并尝试按照计划建构，但易忽略	有明确的目标和计划，并能按照计划实施，能呈现计划中的部分细节	有详细的目标和计划，并能按照计划实施，能呈现多个计划细节

续　表

维度	发展指标	概念界定	具体行为表现		
			水平1	水平3	水平5
建构行为	沟通互动	与他人之间传递信息、传播思想、传达情感,并相互作用、相互影响的行为和过程	愿意表述自己的情感和想法	愿意主动表达和倾听他人的观点,能提出自己的建议	能倾听和整合他人的反馈与观点,能为同伴提供建设性且合适的反馈
	问题解决	有目的地运用各种认知活动、技能等一系列操作,使问题得以解决的过程	能自主思考遇到的问题,但未选择求助,且问题无法解决	能运用已有经验思考并尝试解决问题,在未解决问题时,会选择求助,并再次尝试解决	能运用多种经验与方法解决建构过程中遇到的问题
	求异创新	有别于常规或常人的思路和见解,并有以此来改进或创造新的事物、方法和环境等行为	有自己区别于他人的想法,能尝试自行建构	愿意尝试改变搭建材料或方法,能搭建不同的作品,但是改变的维度较为单一	在结构游戏中能呈现材料、环境、方法、作品等方面的创新
	团队合作	与同伴为了一个共同的目标,相互支持、分工、协作、奋斗的过程	能通过交流达成共识,与同伴共享材料,共同建构	能为了同一个目标自由结伴,尝试分工合作,进行搭建	能按照分工有序进行搭建,并为了更好地建构成果适时调整、优化分工
认知发展	勇于探究	能积极动手动脑,勇于尝试,不怕失败,通过发现问题、收集和处理信息来寻找问题答案的过程	有探究意识,愿意动手操作,尝试发现问题、解决问题	能用自己喜欢的方式大胆尝试并探究与主题相关的事物和经验,不怕失败,能主动发现问题、解决问题	勇于接受具有挑战性的任务,能运用多种方法收集并筛选有用的信息进行构造探索,积累主题认知经验
	勤于反思	能经常对自己的计划、过程和结果等有审视的意识与习惯,学着总结经验	能在教师的引导下,尝试思考搭建中的问题	能主动回顾自己在活动中的行为,尝试发现问题并表达自己的想法	能运用观察、比较、判断等多种方法反思游戏计划、过程及结果等,准确而有条理地表达自己的想法及应对的方法

维度	发展指标	概念界定	具体行为表现		
			水平 1	水平 3	水平 5
认知发展	批判质疑	具有问题意识，能独立思考、多角度分析问题、做出选择和决定等	可以独立思考，不轻易听取同伴的想法，有自己的见解	能独立发现问题，与同伴意见不同时能提出自己的想法与建议	能够对问题提出合理的想法或假设，实施后能对结果进行讨论或反思
	经验迁移	能调动已有的与当前问题情境相关的知识经验，并将其进行重新整合，从而解决当前问题的过程	尝试将已有生活经验运用到搭建活动中	能将已有的生活经验与知识运用到主题式结构游戏中	能灵活运用已有的生活经验与知识，并将其迁移到主题式结构游戏中
	信息处理	幼儿在游戏中通过收集信息帮助操作，将分散的知识点联系起来，构建为知识体系	愿意根据需要收集相关信息并且分享给他人，为建构活动提供支持与帮助	能根据建构目标对收集到的信息资料进行筛选，提取需要的内容	能从多个渠道收集信息支持自己的建构活动，且找出其中适合的内容作为参考
	综合评价	能对自己或者同伴的游戏行为做一个客观、综合的评价	尝试对自身或同伴的行为或作品进行评价	能根据事实情况对自己或同伴的行为、建构作品进行客观评价	能综合建构行为、作品、交流等多方面的信息进行评价
情感体验	好奇与兴趣	对周围现实生活的各种问题是否表现出热情与好奇	有一定的兴致和较为明确的观察意图、搭建行为和目的	能根据自己感兴趣的事物生成主题，并进行主动观察，有明确的搭建意愿和参与行为	情绪高涨，观察意图明确，有充分的观察时间和强烈的搭建意愿，以及积极主动的行为表现
	坚持与专注	能够坚持完成必要的学习任务，做事专心，不三心二意	能围绕主题专心建构或学习，注意力分散后能马上重新集中	遇到干扰可以不受影响，能较长时间地专注于自己的游戏和主题	不受任何事物的干扰，能克服困难和失败，始终专注于当下的主题任务
	积极主动	意愿与整体长远目标相统一，不向困难低头	在教师提示下愿意参与到游戏中	能主动参与到游戏中，并积极挑选材料、场地与玩伴	能积极参与到游戏中，并自主挑选材料、场地、玩伴，自主商定计划

三、第三阶段：细化整合

在实践过程中，当教师使用"主题式结构游戏中幼儿深度学习行为检核表 3.0"对幼儿进行观察时，问题层出不穷：维度"建构行为"的表述如何与深度学习产生关联？不同指标之间互相联系和交错，能否进行整合缩减？很多指标都和问题解决相关联，是否重复？"勇于探究"到底应归属认知维度还是情感维度？随着文献的不断更新和学习，我们从王小英教授在《幼儿深度学习的基本特质与逻辑架构》一文中提出的幼儿深度学习的三个关键要素中得到了新的启发。于是，我们对上一版检核表中的三个维度 14 个发展指标做了进一步的整合和完善。

（一）打破定势，重新划分维度

依据王小英教授对幼儿深度学习基本特质与逻辑框架的描述，我们将深度学习表现聚焦于三个层面：认知层面——强调问题解决能力的培养；动机层面——强调积极情绪的激发与维持；社会文化层面——强调人际互动中的沟通与支持。我们将这三个层面与指标框架相联系，发现两者之间有共通之处。首先，深度学习是一种基于问题解决的学习，也就是说问题解决是深度学习的终极目标。我们在实践中发现，幼儿的某些指标发展最终都会关联到问题解决，因此，将认知层面聚焦问题解决，既避免了指标间的反复交错，又凸显了深度学习的特质。其次，深度学习需要个体高度投入，而学习动机是激发和维持学习的基本动力。缺乏强烈的内部动机、浓厚的兴趣和积极的态度，幼儿的学习不可能走向深度。因此，学习动机在幼儿的深度学习中起着非常重要的作用。基于以上共识，我们认为动机层面指向的积极情绪与"情感体验"维度不谋而合。最后，深度学习是一个人际交互影响的社会化过程，需要同伴互动、交流、协作，共同解决问题。因此，深度学习中一个非常关键的点就在于同伴间的合作及思维的碰撞，这与原指标中的"沟通互动"和"团队合作"高度契合。基于以上分析，我们将原维度"建构行为""认知发展""情感体验"重新划分为"认知层面——问题解决""社会层面——人际互动""动机层面——情感体验"，使每个维度都与深度学习的特质息息相关。

（二）厘清关系，整合发展指标

在维度重新划分之后，指标也随之调整。借助大量实践经验，我们厘清了指标之间的相互关系，并做了一系列整合优化。

1. 改——"信息处理"改为"信息收集"，"问题解决"改为"问题意识"

"信息处理"是指幼儿在游戏中通过收集信息帮助操作，将分散的知识点联系起来，构建为知识体系。而大量实践表明，大部分幼儿有收集信息去解决问题的意识，但将知识点进行联系和重组对学前儿童来说要求过高。于是，我们通过商议决定适当降低难度，将"信息处理"改为"信息收集"，将观察重点落在不同的收集方法上。

"问题解决"需要一段较长的时间，是一个持续的过程，过程中有多项指标协同参与，但往往指向一个结果。因此，我们认为将其作为认知层面的维度指向更为合理。而问题解决的前提是产生问题意识，问题意识是促使幼儿积极、主动、敏锐地发现问题的内驱力，需要幼儿对自身学习过程进行全方位的监督，从而不断产生疑问和探究的欲望。这体现了元认知的参与，是引发幼儿进行深度学习的关键点。因此，我们将"问题解决"改为"问题意识"。

2. 调——"沟通互动"调整为"倾听与交流"，"团队合作"调整为"协商与合作"

"沟通互动"是指同伴间传递信息、传播思想、传达情感，是一个双向的过程，既有倾听，又有交流。而我们在实践中发现，幼儿虽有强烈的表达欲望，但往往只在意自身的表达，常常会忽视同伴的想法，导致互动往往是单向的，很难产生思维上的碰撞。基于以上幼儿的表现，教师在观察的过程中可能也会将观察重点落在幼儿的交流互动上，而忽视幼儿倾听的行为表现。可见对于"沟通互动"，不管是幼儿还是教师，都容易出现顾此失彼的情况。于是，我们将"沟通互动"调整为"倾听与交流"，进一步细化教师的观察要点。

"团队合作"是一种学习模式，以活动共同体的模式将学习者聚集在一起，实现经验共享，促使他们为达成同一目标相互协商、分工与协作。合作是在不断的协商中进行的，良好的协商能力对合作的效果起着决定性的作用。于是，我们将"团队合作"调整为"协商与合作"，既细化了教师的观察要点，又贴合了维度的互动特质。

3. 合——"求异创新""勤于反思""批判质疑"整合为"反思批判"，"好奇与兴趣""积极主动"整合为"积极主动"

我们在实践中发现，"勤于反思"和"批判质疑"往往同时出现，批判过程势必伴随着反思。而"求异创新"更多指向思维上的创新，幼儿发挥主观能动性进行思考，而非简单地复制，这本身就是一种批判性思维。所以，我们将这三者整合为"反思批判"。

"积极主动"是幼儿对主题相关事物表现出的关注、兴趣、行为意愿等状态。而"好奇与兴趣"是产生"积极主动"的先决条件。所以，我们将这两者整合为"积极主动"。

4. 增——"多维整合"

我们在实践过程中发现,幼儿在搭建过程中,运用到的知识与经验并不是单一的,而是呈现了知识与经验的多维整合,包括新旧知识之间的联系,这属于纵向整合;多领域知识的融合、概念与概念之间的联系,这些属于横向整合,也有横向与纵向的交叉整合。所以,我们增加了"多维整合"这一指标。

5. 重组——"勇于探究""坚持与专注"拆分重组为"不畏困难""专注投入"

我们一直在衡量"勇于探究"到底应归属认知维度还是情感维度,似乎两者都可,边界不清。为了使其更趋于情感维度,我们拆分了"坚持与专注",将这两者重组为"不畏困难"和"专注投入",坚持体现在"不畏困难"中,呈现幼儿积极的学习状态和良好的情感体验。

通过优化整合,我们将原有的 14 个发展指标缩减为现有的 12 个,并根据其与三个维度之间的关系,重新进行划分。认知层面指向问题解决的指标包括目标计划、问题意识、信息收集、经验迁移、反思批判、多维整合、综合评价;社会层面指向人际互动的指标包括倾听与交流、协商与合作;动机层面指向情感体验的指标包括积极主动、专注投入、不畏困难。

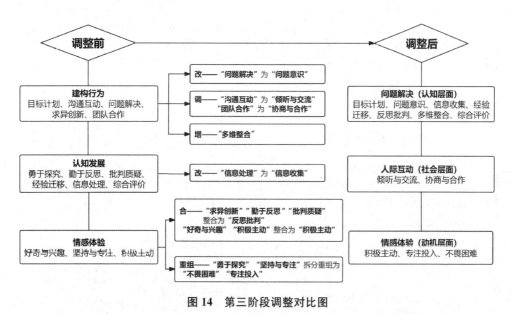

图 14　第三阶段调整对比图

我们根据调整后的维度和指标,及时更新了观察记录表(见附录二),针对三个维度 12 个发展指标下主题式结构游戏中幼儿深度学习三个水平的行为表现进行

了补充和调整，形成了"主题式结构游戏中幼儿深度学习行为检核表 4.0"（见表12）。我们在实践中不断完善，体现了动态调整。

表 12　主题式结构游戏中幼儿深度学习行为检核表 4.0

维度	发展指标	概念界定	具体行为表现		
			水平 1	水平 3	水平 5
问题解决（认知层面）	目标计划	在主题式结构游戏中始终记得任务的目标，能根据自己的意图制订计划并付诸实施	能制订简单的主题计划，并尝试按照计划建构，但易忽略	有明确的主题建构目标和计划，并能按照计划实施，能呈现计划中的部分细节	有详细的主题建构目标和计划，并能按照计划实施，能呈现多个计划细节
	问题意识	在主题式结构游戏中经常会遇到一些不明白的问题或现象，产生疑问、探究的心理状态	当多次搭建不成功时，能在教师的引导下意识到问题	当搭建不成功时，能自己意识到问题，但不知道该怎样解决问题	在游戏中能意识到问题，尝试更换建构材料或重新搭建某一部分，自主解决问题或寻求帮助
	信息收集	幼儿在游戏中具有信息意识，面对不懂的事物，能积极主动地用不同的方法去收集信息，帮助操作	能在教师和家长的帮助下收集与游戏主题相关的信息	能在教师的提醒下收集与主题相关的信息，并愿意分享给他人	能主动从多个渠道收集与主题相关的信息支持自己的建构活动，且找出其中适合的内容
	经验迁移	将与主题相关的已有经验应用到新的问题情境中，从而解决当前问题的过程	在教师的提醒下，尝试将已有生活经验运用到搭建活动中	在建构活动中，面对问题时，能回忆已有经验，但不会应用到实际操作中	能回忆起原有经验，并说出新旧经验之间的联系，将已有经验灵活运用到实际操作中并解决问题
	反思批判	能独立思考、多角度分析问题、做出选择和决定等	无法意识到自己在游戏中出现的问题；全盘接受他人的建议或完全模仿他人	能在教师的提醒下意识到自己的问题；在游戏中，面对同伴的想法，敢于提出不同意见或表达自己的想法，但逻辑能力有所欠缺	能自己发现、总结问题；在活动中，能进行独立思考，对正在搭建的作品能说出自己的独到见解，且思路清晰

续　表

维度	发展指标	概念界定	具体行为表现		
			水平1	水平3	水平5
问题解决（认知层面）	多维整合	联系多维经验,建构知识网络。多维体现于纵向的整合、横向的整合及横纵向的交叉整合。纵向:新旧知识与经验的整合;横向:厘清概念与概念间的关系,融合多领域知识	在教师的提醒下,尝试整合生活经验,并运用到搭建活动中;尝试融合主题与主题之间的知识	愿意整合新旧经验,并运用到搭建活动中;愿意融合领域与领域之间的知识	能主动联系新旧经验,并整合运用到搭建活动中;能主动整合多领域知识,并建构知识网络
	综合评价	能对自己或者同伴的游戏行为进行多角度评价	在教师引导下,无法做出自我评价与对其他幼儿作品的评价	搭建结束后,在教师引导下,愿意简单做出他评与自我评价	在教师引导下,能够认真做出他评与自我评价,并能表达自己遇到的问题
人际互动（社会层面）	倾听与交流	能够围绕一个主题,愿意听取他人的想法并与之沟通	在活动过程中,不愿意倾听教师的引导和其他幼儿对共同搭建的想法	在活动过程中,能注意听教师的引导或合作同伴的搭建想法,但不会主动提问或表示有疑问,不主动交流	在活动过程中,能注意听教师的引导或合作同伴的搭建想法,听不懂或有疑问时能主动提问,与其交流
	协商与合作	与同伴为了一个共同的目标,相互支持、分工、协作、奋斗的过程	不与同伴协商沟通,不愿与他人合作搭建	能与同伴简单地交流协商,但不能很好地达成合作并完成作品	能与同伴协商讨论并分工合作,共同完成活动目标
情感体验（动机层面）	积极主动	意愿与整体长远目标相统一,不向困难低头	在教师提示下愿意参与到游戏中	能主动参与到游戏中,并积极挑选材料、场地与玩伴	能积极参与到游戏中,并自主挑选材料、场地、玩伴,自主商定计划
	专注投入	能够坚持完成游戏,并长时间地投入其中,做事专心,不三心二意	缺乏建构想法,迟迟没有操作;在游戏中有注意力不集中的情况,出现较多与游戏不相关的行为	游戏中容易被其他无关事情转移注意力,或在搭建任务上注意力不持久;搭建与建构主题无关的作品	有自己的建构想法,计划有条理;在游戏中认真专注,能够坚持完成自己的作品
	不畏困难	遇到问题时能勇敢尝试,不怕失败,坚持完成主题建构目标	在主题式结构游戏中遇到困难时选择逃避或放弃	在主题式结构游戏中遇到困难时能频繁地向教师求助,求助后会尝试解决	在主题式结构游戏中能通过调整材料、同伴讨论、独立思考等方式尝试解决问题

第二节 主题式结构游戏中幼儿深度
学习的观察方法与设计

以往教师较多采用非结构式观察法，如自然观察法。为了使观察更科学、有效，我们尝试采用结构式观察法，如行为检核法、时间取样法、事件取样法，并设计了相应的观察工具。

一、行为检核法

行为检核法是依据观察目的、情景特性与观察者的特性等，事先拟妥观察架构与内容，供观察者在观察现场依据检核表内容逐一检视幼儿行为表现出现与否的观察与记录方法。

（一）行为检核法的设计

根据梳理后的"主题式结构游戏中幼儿深度学习行为检核表"中的指标框架，每一维度下的指标都以"有/无"的形式进行记录，便于教师了解幼儿的学习行为是否在特定的情境中出现。在观察与记录之后，教师须给出对该幼儿的整体性评价和建议（见表13）。

表13 主题式结构游戏中幼儿深度学习行为记录表

观察者：　　　　观察对象及情况：
观察时间：

维度	发展指标	有	无	具体表现（简要记录）
建构行为	目标计划			
	沟通互动			

续　表

维度	发展指标	有	无	具体表现（简要记录）
建构行为	问题解决			
	求异创新			
	团队合作			
认知发展	勇于探究			
	勤于反思			
	批判质疑			
	客观评价			
	信息意识			
情感体验	好奇与兴趣			
	坚持与专注			

续　表

维度	发展指标	有	无	具体表现 （简要记录）
情感体验	积极主动			
	审美情趣			

（二）行为检核法的使用

首先，要确定观察者、观察对象、观察时间等基本信息。其次，教师要使用行为检核表对幼儿在主题式结构游戏中的行为指标出现与否进行实时记录。对于每个指标，观察者可以根据幼儿的表现勾选"有"或"无"。最后，根据记录结果，教师可以对幼儿在不同层面的发展情况进行分析。

在用行为检核表对幼儿进行观察时，教师须事先了解三个维度下的各发展指标，以便于能够迅速判断并勾选出相应的发展指标。每次的观察时间为 40 分钟。观察开始日期为主题式结构游戏起始周，观察截止日期为主题式结构游戏结束周，观察时间段选择为下半学期。

二、时间取样法

时间取样法是以一定的时间间隔为取样标准，来观察记录预先确定的行为或事件发生与否，以及出现次数或持续时间的一种观察方法。它可以用来观察和记录某一特定幼儿或者某个幼儿团体出现频率较高的行为，这种行为应该是容易被观察者观察到的。通过时间取样法，我们可以统计幼儿出现某一目标行为的次数和频率，为进一步分析提供方便。

（一）时间取样法的设计

首先，要确定观察目标，即幼儿深度学习的某一行为指标，并根据目标选择观察对象。观察对象可以是某一特定幼儿，也可以是由多名幼儿组成的幼儿团体。

其次,需要对目标行为进行分类,并对每个类别进行操作性定义。再次,根据观察目标和自身需要,确定观察时长、间隔时间和观察次数。最后,对幼儿的目标行为进行详细的观察、记录和分析,从而了解幼儿发展现状及存在的问题等,以便于教师进行有目的的支持。

在 12 个指标中,我们选取了适合进行时间取样的指标进行时间取样表的设计,表 14 是对"情感体验"维度下的"专注投入"这一指标的时间取样表设计。

表 14　时间取样记录表
幼儿主题式结构游戏中专注投入时间取样记录表

幼儿姓名:	性别:	编号:
年龄段:	观察日期:	
开始时间:	结束时间:	
观察地点:		
背景:		
观察者:		

幼儿专注投入行为类别:
1. 注意分散　2. 提醒后投入　3. 专注投入　4. 其他

操作性定义:
1. 注意分散:容易被周围动静吸引,分心到与结构游戏主题无关的事物上,出现如谈论无关话题、相互玩闹、无目的摆弄或坐着不动等行为。
2. 提醒后投入:能参与游戏,当外界有干扰时会吸引幼儿注意,但在同伴或教师提醒后能回归到游戏中。
3. 专注投入:游戏中能全情投入,能始终抗拒干扰,不被周围动静所吸引,坚持投入游戏较长时间。
4. 其他:不能归属于上述四种专注投入行为。

	注意分散	提醒后投入	专注投入	其他
0—8 分钟				
9—16 分钟				
17—24 分钟				
25—32 分钟				
33—40 分钟				
合计(时间)				

标志:
数字表示该时间段内相应游戏行为出现的次数。
括号内的时间表示目标行为持续的时间。

续　表

分析：
支持策略：

（二）时间取样法的使用

在对"专注投入"指标的观察中，教师对随机选取的三个年龄段各两个班级，共6个班级的76名幼儿进行一对一跟踪式观察，每次观察时间为40分钟，间隔时间为8分钟，在每个时间间隔内统计幼儿出现不同类别行为的次数和时长。观察开始日期为主题式结构游戏起始周，观察截止日期为主题式结构游戏结束周，观察时间段为下半学期。最后，我们将收集的首次数据和末次数据做对比，并用统计分析软件 SPSS 23.0 对数据进行了统计。

观察对象详细信息见表15。

表 15　时间取样抽样详情

编号	年龄	总人数	男女比例
1	小班	11	6∶5
2	小班	11	5∶6
3	中班	13	5∶8
4	中班	13	7∶6
5	大班	14	1∶1
6	大班	14	1∶1

（三）观察结果

我们将表现行为（注意分散、提醒后投入、专注投入、其他）按次序分别赋分3、2、1、0转化为数据处理。

表 16　幼儿专注投入时间取样描述统计

年龄		N 统计量	Min 统计量	Max 统计量	均值 统计量	偏度 标准误
小班	首测	22	1	2	1.05	0.491
	末测	22	1	3	1.89	
中班	首测	26	1	2	1.02	0.561
	末测	26	2	3	2.45	
大班	首测	28	2	3	2.21	0.357
	末测	28	2	3	2.89	

小班：幼儿"专注投入"指标行为表现以注意分散和能在一定程度上抗干扰但注意集中时间不长为主。个别幼儿经过教师多次提醒后，抗干扰能力有所提升。标准误 0.491，说明数据呈偏态分布，故采用非参数检验 Wilcoxon 符号秩检验，样本量小且符合一对一独立样本配对。

中班：幼儿"专注投入"指标行为表现在经过教师支持后有较大提升，大多数幼儿的注意力集中时间有所延长。标准误 0.561，说明数据呈偏态分布，故采用非参数检验 Wilcoxon 符号秩检验，样本量小且符合一对一独立样本配对。

大班：标准误 0.357，说明数据呈偏态分布，故采用非参数检验 Wilcoxon 符号秩检验，样本量小且符合一对一独立样本配对。

三、事件取样法

事件取样法是指以特定的行为或事件的发生为取样标准，对目标行为进行观察的一种方式。观察者通常是在自然情境中等待目标行为的出现，当所要观察的行为出现后立即进行记录，同时也可以记录行为发生的背景和原因、行为的变化过程和行为的结果等内容。

（一）事件取样法的设计

第一，在观察之前要确定观察目标并选取某一特定儿童作为观察对象。第二，要对目标行为进行明确的界定，其中包括对目标行为进行分类，以及对各行为类别进行操作性定义。同时，还须对各类别进行符号记录，不同的符号代表不同类别的目标行为,帮助教师在观察过程中能够迅速记录幼儿目标行为的各类别。第三,要用文字描述的方式将目标行为出现的时间段、事件发生的前因后果等进行具体详细的记录,以便教师能对目标幼儿的行为进行深入分析,最终提出有效的支持策略。

在 12 个指标中,我们选取了适合进行事件取样的指标进行事件取样表的设计,表 17 是对"问题解决"维度下的"问题意识"这一指标的事件取样表设计。

表 17 事件取样记录表
幼儿主题式结构游戏中问题意识事件取样记录表

幼儿姓名:	性别:	编号:
年龄:	观察日期:	
开始时间:	结束时间:	
观察目标:		
背景:		
观察者:		

幼儿问题意识类别:

1. 无问题意识　2. 沉默回避　3. 稍做尝试　4. 寻求帮助　5. 主动提问　6. 自主思考
7. 其他

操作性定义:

1. 无问题意识:当多次搭建不成功时,意识不到问题。
2. 沉默回避:当他人指出问题后仍选择沉默回避,没有做出相应调整。
3. 稍做尝试:能发现搭建过程中产生的问题,或当他人指出问题后,自己稍做尝试便放弃。
4. 寻求帮助:能发现搭建过程中产生的问题,思考未果后选择求助同伴或老师。
5. 主动提问:发现问题后能主动表达自己的疑问,并与同伴或老师进行沟通商量。
6. 自主思考:能表述遇到的问题,分析原因后对搭建行为做出相应的调整。
7. 其他:不属于以上几种行为。

编号	开始	结束	做了什么	行为类别

续　表

标志：ㅤ
幼儿问题意识类别： WW=无问题意识　　　CM=沉默回避　　　CS=稍做尝试　　　XQ=寻求帮助 TW=主动提问　　　　　ZZ=自主思考　　　QT=其他
分析：
支持策略：

(二)事件取样法的使用

在对"问题意识"指标的观察中,教师需要对幼儿进行一对一跟踪式观察,每次观察时间为 40 分钟。当幼儿的目标行为出现时,教师快速记录行为出现的时间、幼儿行为、行为类别及结束时间。观察结束后,教师需要对幼儿的行为进行详细分析,并提出相应的支持策略。观察开始日期为主题式结构游戏起始周,观察截止日期为主题式结构游戏结束周,观察时间段为下半学期。

(三) 观察结果

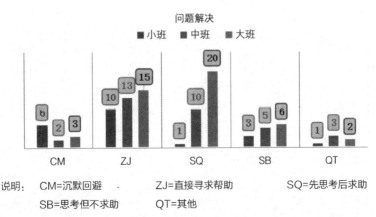

说明：　CM=沉默回避　　　　　ZJ=直接寻求帮助　　　　　SQ=先思考后求助
　　　　SB=思考但不求助　　　QT=其他

图 15　研究初始阶段设置的幼儿"问题解决"维度五个行为类别表现柱状图

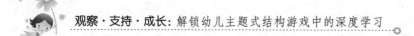

小班幼儿在面对问题时，较多采用"沉默回避"和"直接寻求帮助"的方式，这可能表明他们在解决问题时自信心和独立性相对较低，更倾向于依赖外部支持。

中班幼儿则表现出更为积极的思考倾向，他们在"先思考后求助"和"思考但不求助"上的比例较高，显示出较强的自我解决问题能力和初步的策略意识。

大班幼儿则进一步强化了独立思考和解决问题的能力，他们在"先思考后求助"和"思考但不求助"上的占比最高，这反映出他们随着年龄的增长，认知能力和社会经验得到了提升，更加倾向于自主探索和解决问题。

总的来说，在日常观察中，我们以非结构式观察和结构式观察相结合的方式，在观察记录的基础上，根据指标特性和不同的观察角度及目的选择了更适合的非结构式观察。行为检核法侧重于评估幼儿是否表现出相应的深度学习行为，适用于评估幼儿深度学习的发展状况。时间取样法是在特定时间段内观察和记录幼儿深度学习行为出现的情况，适用于观察深度学习行为发生的频率和持续时间。事件取样法关注主题式结构游戏的完整过程，适用于了解幼儿深度学习行为发生的情境和原因。三者互补，可以全面地收集幼儿个体的深度学习行为数据。时间取样法可以补充行为检核法中未能记录到的行为发生频率的信息，事件取样法可以深入探究行为发生的原因和情境，与行为检核法结合，能让教师对幼儿有更全面的了解。

第六章　支持赋能：基于观察的幼儿主题式结构游戏中深度学习的支持探索

第一节　基于观察的幼儿主题式结构游戏中深度学习的支持原则

在幼儿主题式结构游戏中,支持幼儿深度学习的原则是多方面的,这些原则共同构成了一个科学的教育框架,旨在促进幼儿的全面发展。遵循这些原则,教师可以更有效地支持幼儿在主题式结构游戏中的深度学习。

一、科学性原则

教师需要掌握幼儿身心发展的规律和特点,以科学的教育理念和方法引导幼儿进行主题式结构游戏,支持其深度学习。同时,教师还需要根据幼儿的认知发展水平,提供适当的游戏材料和任务,以促进幼儿的认知发展。

如在大班"我们的城市——小小城市建筑师"主题式结构游戏中,教师能基于大班幼儿的年龄特点与需要支持幼儿的深度学习。在主题式结构游戏开展前,教师从游戏材料库中给幼儿提供丰富的低结构材料,为主题式结构游戏的开展做好物质准备,同时鼓励大班幼儿进行团队分工协商,由计划书的主设计师完成主图。为了让游戏计划书由幼儿的个别经验扩展到全体幼儿的共有经验,教师有意识地将设计计划书的合作行为拍下,并引导全班幼儿进行对比讨论,以此让他们获取更好的成功经验。在互动环节中,教师以开放式的提问激活幼儿的发散思维,在问题情境中,幼儿与幼儿、幼儿与教师之间都存在着一种共同参与、相互合作和相互促进的融洽关系。此外,教师还结合幼儿的生活经验给予支持与鼓励,引导幼儿通过回忆和对比形成对

幼儿园相对完整的概念，以此推动游戏的发展，促进幼儿的深度学习。

二、自主性原则

幼儿在主题式结构游戏中应该具有自主权，可以选择自己感兴趣的主题和材料，自由发挥想象力，自主探索和发现。教师需要尊重幼儿的主体性，提供开放性的游戏环境和材料，激发幼儿的创造力和探索欲望，以实现在主题式结构游戏中幼儿深度学习的发生。

如在大班主题式结构游戏"火箭一号"中，教师能赋权、赋能于幼儿，时刻关注幼儿在主题式结构游戏中如何克服困难、如何解决问题等学习行为，发现其在游戏中的"哇"时刻，从而促进幼儿提升主动和积极学习的能力。又如在大班主题式结构游戏"我心中的城堡"中，教师持续关注幼儿的兴趣，通过提供足够的自主创造空间来发挥幼儿的想象力，进而让他们将自己的设计通过建构的方式再现。再如在中班主题式结构游戏"好玩的车"中，当幼儿在游戏中遇到棘手的问题时，教师能引导幼儿通过相互探讨、收集各类信息、寻求家长协助等方式解决问题。

三、生成性原则

主题式结构游戏应该是一个动态的过程，随着幼儿的兴趣和需求不断生成新的主题与内容。教师需要关注幼儿的游戏过程，及时发现和捕捉幼儿的创造力与想象力，引导幼儿进一步拓展和深化游戏。

如在大班"我是中国人——中华赛龙舟"主题式结构游戏中，教师能关注幼儿的兴趣，及时满足他们当下的需求，鼓励他们开展延伸活动。如教师组织观看赛龙舟的相关视频，不仅使幼儿对龙舟的外形特征有更全面的了解，也拓展了他们的主题经验。此外，教师还设置纸笔区，通过让幼儿与同伴共同设计图纸的方式，激发他们的创作欲望。在"我们的城市——我心中的城堡"主题式结构游戏中，教师发现幼儿在深度学习的过程中，经验迁移能力逐步发展，他们开始能够在新的情境中运用已有的经验，同时能够根据经验和兴趣生成新的主题与内容。如在结构作品分享交流中，幼儿通过观察和比较不同的作品，从中获取了新的知识和经验，并将这些经验应用到自己的作品中，拓宽了视野，提高了创新能力。此外，教师还鼓励幼儿与同伴分享搭建心得，相互学习，提高搭建技巧和创新能力，通过观看现实中

的城堡图片或相关视频,激发幼儿的创作灵感,丰富他们的想象力。

四、个性化原则

每个幼儿都是独一无二的,具有不同的兴趣和特点。在主题式结构游戏中,教师需要关注幼儿的个性差异,提供多样化的游戏材料和任务,满足不同幼儿的发展需求。同时,教师还需要根据幼儿的个性特点,引导幼儿在游戏中发挥自己的优势和特长。

如在大班"我们的城市——小小城市建筑师"主题式结构游戏中,教师能鼓励团队中的个别幼儿大胆分享自己的想法、表述自己的计划。在大班"瓷器——瓶中'评'"主题式结构游戏中,当大部分幼儿无法客观地完成自评和他评时,教师请班中发展水平较强的幼儿先来尝试介绍与评价,起榜样带头作用,并鼓励其他幼儿尝试评价自己和他人,然后对幼儿的评价内容进行梳理和提升,抛出问题引发幼儿思考,让他们的评价更显性化,从而了解每一个幼儿对自己的需求或他人行为的评价,收集研究如何支持幼儿发展的依据。

五、持续性原则

深度学习是一个长期的过程,需要不断地积累和实践。在主题式结构游戏中,教师需要引导幼儿不断探索、尝试和反思,培养幼儿的学习毅力和坚持力。同时,教师还需要为幼儿营造一个良好的学习氛围,鼓励幼儿在游戏中不断成长和发展。

如在大班"我们的城市——我心中的城堡"主题式结构游戏中,教师能持续关注幼儿兴趣,通过观察、记录等方式了解幼儿的经验与需求。同时,为幼儿提供丰富的材料和工具,鼓励幼儿在搭建过程中不断尝试新的方法,探索城堡的多样化造型,并在分享环节引导幼儿反思搭建过程、总结经验教训,培养他们从失败中汲取经验的能力。在"我是中国人——中华赛龙舟"主题式结构游戏中,教师能组织幼儿进行合作经验分享,将成功经验传授给其他幼儿,为后续的合作助力。当主题式结构游戏中出现问题时,教师能给予启发和建议,鼓励幼儿与同伴共同解决问题,推动后续游戏的开展。随着合作行为变多,幼儿对空间的需求越来越大,教师鼓励他们尝试将空间从室内拓展到户外,为他们的持续合作行为提供环境支持。此外,教师能利用游戏后的分享交流环节,组织幼儿开展自评或同伴之间的互评,让他们分享在游戏中的合作方式、任务分配、问题解决方法等,通过梳理分享内容帮助幼儿积累合作经验,推动后续游戏的开展。

总之，在主题式结构游戏中支持幼儿深度学习的原则是多种多样的，需要教师根据实际情况进行灵活应用。只有遵循科学的教育理念和方法，才能更好地支持幼儿的深度学习。

第二节 基于观察的幼儿主题式结构游戏中深度学习的支持策略

历经三年的实践研究，在对大量的主题式结构游戏进行现场观察和对深度学习支持策略效果检核反思的基础上，我们不断充实和完善了环境支持、提问支持、情感支持和经验支持四个维度的深度学习支持策略，下面对各个策略侧重的深度学习支持点进行说明（见表18）。

表18 基于观察的幼儿主题式结构游戏中深度学习的支持策略汇总表

维度	策略		说明	侧重支持的方面
环境支持策略	灵动时空，保障幼儿走向持续探究	破除空间界限	对应原开题报告中的支持策略"适宜的游戏空间""充足的时间保证""多维的建构材料"和"创造性地应用幼儿结构作品"，缺乏操作性。 现合并调整细化为三个方面、八条支持策略，调整后的表述更为具体生动，并给出了具体的实施方法，使策略更具操作性和实践性	目标计划、协商与合作、问题意识、倾听与交流
		揉活一日时间		信息收集、专注投入
		善用碎片时间		积极主动、协商与合作
	扩展材料，支持幼儿走向主动探索	关注材料类型，激发探索欲望		信息收集、问题意识、倾听与交流、积极主动
		拓展收集对象，提供物质支持		积极主动、专注投入
	智创环境，追随幼儿走向自主创新	多角度进行互动		倾听与交流、经验迁移、协商与合作、积极主动
		多方面作品展示		目标计划、积极主动、倾听与交流、反思批判
		巧设"空"环境		积极主动、多维整合、反思批判、综合评价

续 表

维度	策略		说明	侧重支持的方面
提问支持策略	回忆感知,帮助幼儿开启深度学习	调动前期信息	对应原开题报告中的支持策略"增强幼儿建构过程中的问题解决能力",原来的表述较为笼统,聚焦幼儿在游戏中的问题解决能力,但没有详细阐述如何通过具体策略来实现这一目标。 现细化为四个方面、12条支持策略,调整后的策略更加全面和细致,更加注重对思维过程的培养。通过提问、比较、分析、猜测、反思、验证等思维活动,幼儿不仅能在游戏中解决问题,还能锻炼和发展思维能力。每个子策略也更能体现具体的实施步骤和思路,增强了策略的可操作性和实用性,更便于教师理解和应用	积极主动、信息收集、倾听与交流、经验迁移
		唤醒长时记忆		经验迁移、信息收集、倾听与交流
		重现核心经验		目标计划、反思批判、倾听与交流、积极主动
	分析思考,帮助幼儿激活积极思维	鼓励比较异同		倾听与交流、积极主动、反思批判、综合评价、专注投入、问题意识
		引导分析原因		问题意识、经验迁移、积极主动、倾听与交流
		推动思考猜测		经验迁移、多维整合、积极主动、专注投入、倾听与交流、不畏困难
	反思调整,帮助幼儿聚焦问题解决	协同问题思辨		反思批判、经验迁移、多维整合、倾听与交流、积极主动、专注投入
		放手验证调整		反思批判、不畏困难、问题解决、倾听与交流、积极主动、专注投入
		营造评价氛围		综合评价、专注投入、反思批判、经验迁移、多维整合、倾听与交流
	启发思路,帮助幼儿再现深度学习	引发联想风暴		反思批判、经验迁移、积极主动、专注投入、倾听与交流
		激发创新思路		多维整合、经验迁移、问题意识、协商与合作、积极主动、倾听与交流
		融合多元经验		多维整合、经验迁移、积极主动、问题意识、倾听与交流、专注投入

续　表

维度	策略		说明	侧重支持的方面
情感支持策略	鼓励幼儿，激发积极的学习动机	语言沟通	对应原开题报告中的支持策略"唤醒幼儿操作探究的主动性与目的性"，表述较为宽泛，没有具体说明通过哪些具体手段来实现这一目标。 现梳理扩展为三个方面、七条支持策略，不仅涵盖了与幼儿进行积极互动的方式，还强调了幼儿在游戏中的情感需求和学习状态	目标计划、协商与合作、专注投入、积极主动
		肢体互动		积极主动、反思批判、多维整合
		情绪传递		不畏困难、积极主动、倾听与交流
	理解幼儿，接纳个性化的学习表现	解析个性表现		信息收集、问题意识、经验迁移、积极主动
		接纳游戏需求		目标计划、积极主动
	关注幼儿，了解实时的学习动态	重视情绪变化		目标计划、积极主动
		发现亮点盲点		反思批判、积极主动、倾听与交流
经验支持策略	唤醒经验，建构幼儿深度学习的基本点	触发回忆	对应原开题报告中的支持策略"丰富幼儿与主题相关的生活经验"和"增进主题式结构游戏的深入性"，这两个策略虽然指出了支持幼儿深度学习的两个重要方面，但缺乏具体的实施步骤和细节，使得教师在实际操作中可能难以把握。 现调整扩充为三个方面、七条支持策略，通过"唤醒经验""拓展经验"和"迁移经验"三个环节，系统地构建了支持幼儿在主题式结构游戏中进行	经验迁移、积极主动、反思批判、专注投入
		引发讨论		问题意识、积极主动、倾听与交流、专注投入、经验迁移、反思批判、协商与合作
	拓展经验，丰富幼儿深度学习的关键点	搭建支架		目标计划、问题意识、倾听与交流、反思批判、协商与合作、积极主动、专注投入
		整合资源		信息收集、反思批判、积极主动、专注投入
		观察跟进		问题意识、积极主动、不畏困难

续 表

维度	策略		说明	侧重支持的方面
经验支持策略	迁移经验,催发幼儿深度学习的生长点	复盘转化	深度学习的经验支持体系,更为清晰、具体,也更具可操作性	经验迁移、目标计划、积极主动、专注投入
		记录表征		信息收集、综合评价、反思批判、积极主动、问题意识、专注投入、倾听与交流

备注:表格内的"说明"部分是对将原开题报告中梳理的支持策略调整与扩展为环境支持、提问支持、经验支持和情感支持四个方面的说明。

一、环境支持策略

该策略倡导与践行"幼儿发展优先",着眼于创造适合每一个幼儿健康、快乐成长的环境和机会,是教师在实现"引导支持"与"幼儿主动学习"的统一中不断转化的一种教育行为。因此,要立足儿童视角,积极思考并优化环境创设与材料等资源的供给,创设健康安全、开放探索、支持幼儿深度学习的主题式结构游戏环境。

(一) 灵动时空,保障幼儿走向持续探究

《幼儿园教育指导纲要(试行)》中关于科学合理安排幼儿一日生活的部分提出:"尽量减少不必要的过渡环节,减少和消除消极等待现象。"一日生活是指幼儿从来园到离园的整个过程。一日生活皆课程,每一个环节都有它的教育意义。教师要将碎片化的过渡环节与活动整合起来,化零为整,在不同的活动环节运用不一样的策略,并且要把自主权交还给幼儿,引导和鼓励幼儿自主安排完成事情的先后顺序,促进幼儿进行自我管理,满足幼儿实现发展的需要。具体可以做到以下三个方面。

1. 破除空间界限

在一个物质环境开放、丰富,以及心理环境宽松、自主的状态下开展主题式结构游戏,能促进幼儿自主选择、探索发现和自由建构,从而实现幼儿多种能力的全

面发展。以往由于各种原因，教师往往会忽略这一因素，在室内开展主题式结构游戏。因此，我们以拓展幼儿的活动空间为切入点，打破室内外结构游戏的空间界限，为幼儿主题式结构游戏活动提供更多讨论、展示和交流的空间，支持幼儿的深度学习。我们通过合理的安排，使幼儿的游戏空间得到充分保障。

2. 揉活一日时间

充足的游戏时间是幼儿开展主题式结构游戏深度学习的前提和基础。所以，遵守幼儿园一日活动中固定安排的主题式结构游戏时间是远远不够的，我们必须充分把握和利用幼儿来园、自由活动、餐前餐后等灵活的时间段。幼儿会灵活地、多形式地开展与主题式结构游戏相关的活动，他们能自主安排、自主选择开展与主题式结构游戏相关的探索活动。正是孩子们的坚持与专注，让我们的主题式结构游戏时间有了一定的保障，使割裂的固定时间走向了整体性的实践，揉活了一日时间安排。

3. 善用碎片时间

时间像指缝里的沙，不经意间就漏光了。有效利用碎片时间，不是要求孩子时刻保持学习状态，而是引导孩子学会劳逸结合，帮助孩子建立良好的时间观念，学会更合理地管理好自己的时间。幼儿每天的在园时间大约是 8 个小时，教师作为陪伴者，要抓住一切时机给予幼儿机会，推动其发展。大家共同梳理出了一日活动中的碎片时间：入园、进餐、生活活动、绘画游戏故事、起床梳头、离园等非集体活动。每个幼儿完成的先后顺序不同会产生不同的碎片时间。

(二) 扩展材料，支持幼儿走向主动探索

《3—6 岁儿童学习与发展指南》中提到："游戏是幼儿的工作。"建构游戏以其独特的魅力深受不同年龄段幼儿的青睐。建构游戏以开放式材料为主，是每个班级游戏活动的重要组成部分。

皮亚杰说过"儿童的智慧来源于操作"，而操作要借助环境及材料。因此，多样化的材料能激发幼儿的兴趣及探究的欲望，能作为幼儿解决问题的重要媒介。教师在幼儿深度学习活动中对材料的支持主要体现在以下两个方面。

1. 关注材料类型，激发探索欲望

丰富的材料类型可增加幼儿在游戏中的操作性。教师要利用各式各样的材料来激发幼儿探索的欲望，拓展其思维，发展其想象力。通过观察户外建构游戏的开展，我们发现单一的建构材料很难触发幼儿的探索行为、促进其深度学习。开放性

的材料能为幼儿提供探索和创造的空间,在很大程度上支持幼儿与材料进行良好互动,从而使幼儿产生问题,并富有创造性地对材料进行联想、转化、迁移,最终实现深度学习。因此,教师除了投放基本的低结构材料供幼儿展开想象,还可以寻找专门的运动器材,使之与幼儿在建构游戏中擦出不一样的火花。

2. 拓展收集对象,提供物质支持

材料的收集并不局限于教师的提供。通过观察实践与查询相关文献,我们认为在游戏过程中,材料收集的主体可以分为四类:教师提供、师幼合作收集、亲子合作收集及幼儿自主选择。多渠道的收集方式能提高材料的多样性与有效性,为幼儿深度学习提供更全面的物质支持。

(三)智创环境,追随幼儿走向自主创新

《幼儿园教育指导纲要(试行)》指出,环境是重要的教育资源,应通过环境的创设和利用,有效促进幼儿的发展。而有序的环境更是支持幼儿开展主题式结构游戏的重要一环,合理布局、创设结构环境等不仅能促进幼儿的创造能力和合作能力的发展,也是支持幼儿在主题式结构游戏中进行深度学习的途径之一。

1. 多角度进行互动

多角度进行互动主要是指幼儿在主题式结构游戏中与教师、同伴和环境的互动。主题墙、主题式结构游戏互动墙的创设不仅能促进幼儿获得建构知识与经验,而且有助于提升幼儿与教师、同伴的沟通互动能力,更能引发幼儿的深度学习。教师还可以让幼儿成为环境创设的主人,让他们根据主题式结构游戏的开展及自身的搭建兴趣不断调整环境的创设。

2. 多方面作品展示

在主题式结构游戏中,教师要提供给幼儿自由表达与表现的机会,鼓励幼儿利用多种方式方法分享自己的经验和多方面展示自己的作品,以此促进幼儿空间规划、社会交往、问题解决等能力的发展。

3. 巧设"空"环境

主题式结构游戏的环境创设应追随幼儿游戏的推进而变化。巧设"空"环境的规划思路,不仅能够激发幼儿的创造力,更能在观察和互动中提升幼儿自我评价与评价他人的能力,有效促进幼儿的深度学习。教师要灵活地调整或重组主题环境,使幼儿愿意在对自我进行评价的同时欣赏他人的作品,促进幼儿综合评价能力的发展。总之,从幼儿出发、以幼儿为本的环境,才是幼儿喜欢的、有效的、多元的环

境,才能够促进幼儿学习与发展。

二、提问支持策略

《幼儿园教育指导纲要(试行)》中提到:"教师应成为幼儿学习的支持者、合作者、引导者。"提问是教师了解幼儿现有水平、启迪幼儿思维的主要方法,在游戏中拥有不可或缺的作用。教师的有效提问能激发幼儿的兴趣,调动幼儿学习的主体性,引导幼儿观察、思考、探索与创新并生成独特想法,促进他们的思维发展,从而推动问题解决的进度。由于幼儿的能力、经验和认知层次都存在差异,教师要基于现实情况,通过多元提问激发幼儿的主动性,启发其自主思考,以支持幼儿在主题式结构游戏中进行深度学习。

(一) 回忆感知,帮助幼儿开启深度学习

回忆式的提问是幼儿主题式结构游戏中不可或缺的提问方式。教师以问题为引,诱导幼儿自主回忆以往的感知与经验,引导幼儿提取相关信息,进而达到对知识的更深层次的理解。通常是教师有目的地引出某个话题,帮助幼儿回忆先前经验,激发幼儿的兴趣与好奇,从而引发幼儿的深度学习。其主要分为:关于主题的长时记忆,如生活经验等;主题开展过程中的短时记忆,如回忆前期活动环节中的问题及主题核心经验。

1. 调动前期信息

前期信息的运用是幼儿进行深度学习的起步阶段。教师要在提问中调动幼儿在前期游戏中获得的信息内容,从中挖掘幼儿的兴趣点,使幼儿在兴趣的驱动下,自主开启深度学习。常见的提问有:"你们是怎么做的呢?""你们玩了什么好玩的游戏呢?""刚才发生了哪些有趣的事情呢?"等。

2. 唤醒长时记忆

长时记忆是指信息经过充分的、一定深度的加工后,在头脑中长时间保留下来,从几个月到许多年,甚至终生。教师唤醒幼儿的长时记忆,能帮助幼儿在实践中提取有用的信息,并运用于接下来的游戏中。常见的提问有:"你在哪里见过?""你见过什么样的?""你在生活中见过哪些?"等。

3. 重现核心经验

核心经验是指幼儿在所处年龄段应有的、必要的、关于主题的一系列关键经验,

在儿童的经验系统或结构中起到节点和支撑的作用。在主题式结构游戏中,核心经验问题的提出是助推幼儿进入深度学习的关键。常见问题有:"你们有过什么经验吗?""它们是什么样的呢?""它们的奥秘是什么?""你了解关于它的哪些信息?"等。

(二) 分析思考,帮助幼儿激活积极思维

教师通过提问引导幼儿对事物的不同方面进行观察,分析事物的结构,理清问题出现的原因,弄清事物间的关系,激发幼儿积极思考的内驱力。主要涉及三种类型的提问:比较异同的问题、分析原因的问题及思考猜测的问题。

1. 鼓励比较异同

教师支持幼儿相互讨论、沟通,各抒己见,引导幼儿对不同的事物进行观察、分析、思考和辨析,从而发现其中的相同点与不同点。相关提问有:"它们两个有什么不一样的地方?""这两种方案哪个更好? 为什么?"等。

2. 引导分析原因

教师在引导幼儿对问题进行分析的过程中,幼儿能够对问题产生的原因进行深入的思考。首先,幼儿可以从不同的角度去分析问题,寻找原因。其次,同伴间的相互沟通能产生不同观点之间的碰撞,进而促使幼儿找到解决问题的方式与方法,使之成为幼儿反思后的有效经验。相关问题有:"原因是什么?""两者之间有什么关系呢?""为什么这个方法成功了,那个方法失败了?"等。

3. 推动思考猜测

在活动中,教师利用提问来引导幼儿对各种问题情境进行分析与思考,并支持幼儿对不同方法产生的结果进行猜测与推理,激发幼儿的探究兴趣和问题解决能力。教师通常会用"怎么办?""怎么样?""需要怎么做才能……"等问题推动游戏的发展。

(三) 反思调整,帮助幼儿聚焦问题解决

反思既是内隐的思维活动,也是一种外显的探究行为。教师通过这类问题的提出,引导幼儿快速重温整个游戏过程,并对问题反复进行再认识、再思考,不断调整游戏进程与游戏行为,最终达到解决实际问题的目的。在反思调整的过程中,幼儿的批判性思维逐渐发展,思维深度得到拓展。

1. 协同问题思辨

问题思辨是指对问题或现象进行深入思考和分析,从多个角度和层面进行剖

析,进而做出判断。在主题式结构游戏中,教师可以利用"你觉得用这个方法能够获得成功吗?""如何进行改进?""换一种方法会不会更好?"等一系列问题,引发幼儿对任务、遇到的具体问题进行联想、思考、分析、判断。

2. 放手验证调整

放手验证的目的是教师给予幼儿充分的时间和空间,通过亲自操作和实验,来检验自己提出的设想是否可行,以及效果如何。教师可以提出"你能用另一种方法也试试看吗?""几种方法都成功了吗?""还能如何调整一下呢?"等问题。

3. 营造评价氛围

评价是指能对自己或者同伴的游戏行为做一个客观、综合的评价。提问方式大致有"你的看法是什么?""你收获了什么?""他成功的秘诀是什么?"等。教师通过类似的评价性问题引导幼儿畅所欲言,充分发表自己的观点,进而反思自己在游戏中的自我表现,实现自我评价、反思与改进。

（四）启发思路,帮助幼儿再现深度学习

幼儿在开展主题式结构游戏的过程中,会遇到不同的问题情境,会生发不同的游戏情境。教师通过提问可以调动幼儿的思维沿着不同的方向进行扩展,对同一问题、同一事物,用不同的方法、从不同的角度、通过不同的途径来解决,或者引导幼儿迁移先前经验,生成新的探究性活动,促使幼儿在不同的情境中进行深度学习。

1. 引发联想风暴

教师引导幼儿对事物、问题、情境等进行联想,引发幼儿积极思考。在思考的过程中,幼儿不断回忆经验、重塑经验,发现事物之间的相似之处。教师可以提出"像什么?""你能想到什么?"等问题。

2. 激发创新思路

教师帮助幼儿打破思维定式,快速回忆已有经验,思考并总结事物的共同属性,开拓新思路。教师可以运用提问的方式引导幼儿回忆经验,思考用不同的方法来解决问题,使幼儿的思维开拓创新,如"这个问题我们如何解决?""除了……还有其他的吗?"等。

3. 融合多元经验

教师引导幼儿从不同的角度来思考问题,提炼事物的相似之处,使幼儿不断地发散性思考。教师常用的提问有:"你有和别人不一样的方法吗?""还有什么物体可以代替呢?"等。发散式的提问能够很好地激发幼儿强烈的好奇心及勇于探究的精神,推动幼儿创新能力的发展。

三、情感支持策略

国家颁布的《关于加强心理健康服务的指导意见》指出："学前教育应该关注和满足儿童的心理发展需要，保持儿童积极的情绪状态。"3—6岁的幼儿正处于心理发展、情感教育的关键期。通过实践我们发现，只有在满足幼儿情感需求的状态下，深度学习才有可能发生。

情感支持是教师与幼儿以知识为载体的情感交互反馈的过程，对激发幼儿学习兴趣、促进幼儿深度学习、提升幼儿学习效能具有重要作用。这种情感支持体现于教师在教育教学过程中运用语言或非语言的形式给予幼儿关注、理解和鼓励，及时发现幼儿的个性表现和游戏需求并给予支持，使幼儿提升自信心和建立积极的情感体验，让他们更愿意尝试新事物和面对挑战。

（一）鼓励幼儿，激发积极的学习动机

鼓励是一种非常重要的力量，它可以激励人们克服困难、迎接挑战，实现自己的梦想。在主题式结构游戏的组织与开展过程中，我们发现鼓励策略能有效触发幼儿的学习动机，其主要表现在当教师以语言、肢体、情绪等形式与幼儿互动，肯定幼儿的进步时，能帮助幼儿树立信心，促使其更加自信、勇敢地直面困难与挑战，主动学习，调动自身的潜能。

1. 语言沟通

鼓励性语言是情感沟通的表现形式之一。当面临挑战或困难时，一句鼓励性的话语能给他人带来巨大的力量。教师通过积极倾听和言语鼓励，能帮助幼儿增强自信心、建立面对困难的积极态度。

2. 肢体互动

肢体互动是一种非语言交流方式，包括鼓掌、拥抱、摸头、拍肩、飞吻等动作，它可以起到表达情感、增进亲近感、建立信任等作用，是促进幼儿不断学习和思考的催化剂，能助推幼儿在游戏中的深度学习。

3. 情绪传递

情绪具有感染性。当我们面对一个情绪表达真挚的对象时，往往会被其情绪所感染，进而产生共情和理解。在幼儿游戏中，我们可以借助师幼互动、生生互动、亲子互动等形式，适宜地运用情绪表达，更好地传递信息，与幼儿建立亲密关系，有

效提升幼儿的人际交往能力,促进幼儿深度学习。

(二) 理解幼儿,接纳个性化的学习表现

学习表现是指幼儿在学习过程中的表现,可以是学习方式、学习上的情感表现、学习态度等相关内容。在主题式结构游戏中,幼儿往往在游戏前、游戏中和游戏后都会有情绪、情感上的表达,可以是言语上的,也可以是其他表征上的体现。在观察幼儿游戏和探索的过程中,教师可以表现出对幼儿多方面、全方位的理解。教师的理解,并不只是简单的认同,而是能够理解幼儿的立场和感受,站在幼儿的角度思考、处理、评价问题,打破惯常的权威定势,真正理解幼儿的所思所想。

1. 解析个性表现

个性是一个人在思想、性格、品质、意志、情感、态度等方面不同于他人的特质。在主题式结构游戏中,这种个性表现体现出幼儿独有的想法和情感表达。教师一般不主动介入和影响幼儿的游戏,对幼儿的游戏进行回应不仅是情感鼓励和语言肯定,也是对幼儿的经验应用、思维迁移、问题解决等行为进行引申、丰富与促进。因此,当幼儿的行为超出教师的预期,或者对活动有自己独特的想法且需要进一步得到满足时,教师和幼儿间的情感互动就要随之发生变化,以此激发幼儿的兴趣和个性表现。

2. 接纳游戏需求

游戏需求是指个体在游戏中因缺乏某种因素或能力而在脑海中产生的反应。不同年龄段的幼儿对主题有自己的理解和感受,他们愿意以自己的方式进行表达和表现。但在游戏中,幼儿常常由于外在环境或自身能力的限制,导致游戏需求得不到满足,从而对游戏失去耐心,对自己失去信心。此时,教师应有效识别幼儿的需求并给予支持。

(三) 关注幼儿,了解实时的学习动态

教师的关注能给幼儿的发展带来积极的影响和变化,通常受关注和期待的幼儿能取得更好的发展与进步。在教师的关注下,幼儿能获得积极的感受,比如"老师喜欢我""老师很关心我""老师认为我很重要"等,这些感受能帮助幼儿树立自信心,以积极的学习状态投入活动中。此外,教师对幼儿的关注是多方面的,可以通过观察和倾听活动中幼儿的一举一动、一言一行来感知和发现他们的情绪变化及在游戏中的亮点和盲点,及时了解幼儿当下的学习动态,以提供更具针对性的支持策略。

1. 重视情绪变化

情绪变化是我们日常生活中的常态。人们经历着各种情绪,包括愤怒、悲伤、焦

虑、快乐等。当我们面临挫折、困难或压力时,情绪变化会更加明显。幼儿常常通过情绪来表达自己的需求和感受,教师可以通过观察幼儿的面部表情和身体姿态、倾听他们的言语和语气变化进行识别,及时提供相应的支持,帮助他们调整学习状态。

2. 发现亮点盲点

教师要善于发现幼儿在游戏中特别擅长或表现出色的亮点,及时表达赞赏,同时提供相应的挑战和机会,引导其深度学习。与此同时,教师还应关注幼儿的盲点,即幼儿在游戏中可能存在的不足或认知上的薄弱点,提出建议和共享资源来帮助其由浅层学习向深度学习发展。教师要及时掌握当下幼儿的学习动态,更好地了解每个幼儿的发展水平和需求,从而提供个性化的支持和指导,帮助幼儿获得积极正向的学习体验。

四、经验支持策略

在主题式结构游戏中,幼儿的深度学习是一个不断发展的过程,他们的经验在游戏过程中被唤醒、拓展、迁移。教师需要引导幼儿作为主体多途径、多方法地获取相关信息和知识,并在游戏过程中给予及时有效的支持,帮助幼儿积累经验,从而丰富他们的已有经验。幼儿认识了解得越深入就越能激发探索的兴趣和欲望,从而助推深度学习的不断深入和持续发生。

(一)唤醒经验,建构幼儿深度学习的基本点

在主题式结构游戏的开展过程中,教师要在观察的基础上,了解幼儿的已有经验,追随幼儿的游戏需求,丰富幼儿的前期经验,唤醒幼儿的内在驱动力,为幼儿在主题式结构游戏中的深度学习提供基本保障。

1. 触发回忆

触发回忆即引导幼儿回顾以往的感知体验和知识经验,通过聚焦于某个具体的内容和细节,唤醒幼儿的已有经验,更好地激发幼儿在主题式结构游戏中积极主动和勤于反思的能力。

2. 引发讨论

引发讨论即在主题式结构游戏中,发现幼儿感兴趣的话题和事情,通过抛出问题、引发讨论,了解幼儿真实的想法,让他们成为游戏真正的主人,在游戏中获得发展。

（二）拓展经验，丰富幼儿深度学习的关键点

幼儿的学习具有经验性和探究性的特点，其深度学习的发生一定以对活动的主动参与和积极投入为前提，教师必须通过开展良好的体验活动来为他们的深度学习搭建支架。我们在实践研究中发现，主题式结构游戏是幼儿最喜欢的体验活动之一，因此，在幼儿已有生活经验的基础上，通过拓展经验的方式，能为幼儿的体验活动创设良好的物质与心理环境，让幼儿在良好的活动支持中有效地开展深度学习。

1. 搭建支架

幼儿游戏经验的拓展，可以通过与不同主体互动来实现。因此，通过为幼儿搭建同伴、师幼、亲子互动的平台，可以为幼儿在主题式结构游戏中的深度学习搭建科学有效的支架。

2. 整合资源

幼儿信息处理能力的培养作为信息时代的特殊要求，越来越受到教师和家长的重视。对幼儿来说，信息的复杂性、多样性、虚拟性使信息的可靠性相对较难把握，所以，幼儿对信息内容的理解和处理能力显得尤为重要。通过各种教育资源的整合，可以发展幼儿获取信息、判断信息、建构信息的能力，在此基础上丰富幼儿的经验，能使其积累更多的知识和信息，促进其深度学习。

3. 观察跟进

深度学习关注幼儿的问题解决能力，即鼓励幼儿主动思考、提出问题，最终解决问题。当幼儿在主题式结构游戏中深入学习时，一方面，幼儿需要自己发现、分析和解决问题；另一方面，教师需要做好观察和跟进，以提供支持和引导，从而拓展幼儿的经验，促进幼儿深度学习。

（三）迁移经验，催发幼儿深度学习的生长点

1. 复盘转化

幼儿在主题式结构游戏中进行深度学习，强调对更高水平认知的主动加工，需要结合先前的游戏和建构经验，对新的游戏内容进行经验的整合与转化。此时，新旧经验呈现联结倾向，幼儿与游戏过程紧密结合，学习行为也呈现明确的目的性。深度学习目标的实现与幼儿自身的经验常识储备有着密切联系。在开展主题式结构游戏前，教师需要将幼儿的直接经验与间接经验相结合，并引入到游戏中，让幼儿在已有的认知基础上，对具有代表性的作品及常见的事物产生更加丰富、准确的

认知,有效提取表征信息,并将其运用到操作中。

2. 记录表征

幼儿的思维主要以具体形象思维为主,他们思维活动的呈现都是通过表征行为完成的。所以,我们在主题式结构游戏的实践中创设了表征墙,通过鼓励和支持幼儿将个体主动获取的相关经验进行记录与表征,使得他们拥有的游戏体验更加丰富、有意义,为他们后续的学习打下坚实的基础。主题式结构游戏的开展,需要大量与主题相关的知识和经验,幼儿不仅要学会收集信息,更要学会看懂和使用现有的信息。由此,幼儿在筛选、处理有效信息的过程中,才能催发深度学习的生长点。

第三节　指向深度学习各项发展指标的观察与支持策略应用案例

如前所述,深度学习包括问题解决、人际互动、情感体验三个维度下目标计划、问题意识、信息收集、经验迁移、反思批判、多维整合、综合评价、倾听与交流、协商与合作、积极主动、专注投入和不畏困难共 12 项发展指标。每一项发展指标的提升都需要上文提到的环境支持、提问支持、情感支持及经验支持四个维度下各项支持策略之间相互配合、相辅相成、协同推进。我们在对前述四个维度、13 个方面共 34 条支持策略(详见表 18)进行梳理的基础上,进一步针对每一项深度学习发展指标精选出了相应的支持策略应用案例。每一则案例都试图呈现基于不同的观察手段和方法,识别幼儿在该项深度学习发展指标上存在的问题,并探索支持改进策略的全过程。

一、针对"专注投入"深度学习发展指标的观察与支持策略应用案例

主题式结构游戏"马路"

实录 1:

游戏开始,琪琪全神贯注地投入搭建中,小脸上写满了认真。然而,两分钟后,户外传来的音乐声渐渐吸引了她的注意,她开始分心与旁边的同伴聊起天来。教师轻

声提醒后,琪琪又重新回到了她的搭建世界,专注地继续她的创作。完成作品后,她兴奋地离开了搭建区,好奇地走向其他小朋友的搭建作品,眼中闪烁着探索的光芒。

幼儿姓名:琪琪	性别:女	编号:1
年龄:5岁	观察日期:4.21	
开始时间:10:00	结束时间:10:40	
观察地点:教室	观察方法:时间取样观察法	
背景:琪琪特别喜欢马路上的车,也特别喜欢搭建各种汽车。随着主题式结构游戏的开展,她会尝试用不同积木搭建汽车。		
观察者:沈老师		

幼儿专注投入行为类别:
1. 注意分散　2. 提醒后投入　3. 专注投入　4. 其他

操作性定义:
1. 注意分散:容易被周围动静吸引,分心到与结构游戏主题无关的事物上,出现如谈论无关话题、相互玩闹、无目的摆弄或坐着不动等行为。
2. 提醒后投入:能参与游戏,当外界有干扰时会吸引幼儿注意,但在同伴或教师提醒后能回归到游戏中。
3. 专注投入:游戏中能全情投入,能始终抗拒干扰,不被周围动静所吸引,坚持投入游戏较长时间。
4. 其他:不能归属于上述四种专注投入行为。

游戏时间段	注意分散	提醒后投入	专注投入	其他
0—8分钟	1(6分钟)		1(2分钟)	
9—16分钟	1(3分钟)	1(5分钟)		
17—24分钟			1(5分钟)	1(3分钟)
25—32分钟	1(5分钟)		1(3分钟)	
33—40分钟	1(8分钟)			
合计(时间)	22分钟	5分钟	10分钟	3分钟

标志:
数字表示该时间段内相应游戏行为出现的次数。
括号内的时间表示目标行为持续的时间。

幼儿行为分析:

　　琪琪选择了小嘟嘟结构材料搭建小汽车,在游戏过程中以自我搭建为主。在活动刚开始时,琪琪尚能专注投入。但在2分钟之后,由于户外音乐的影响,琪琪注意力开始分散,与同伴开始聊天。经过教师的提醒,琪琪再次投入到搭建中。完成后,琪琪离开了搭建区域,去看其他同伴的搭建作品。在 40 分钟的游戏中,琪琪大部分时间处于注意分散的状态中,累计 22 分钟,提醒后投入为 1 次,持续时间为 5 分钟,专注投入为 3 次,持续时间为 13 分钟。

教师支持策略:

(一)减少环境干扰

巧设"空"环境,减少对幼儿的干扰。教师要根据幼儿的年龄特点选择策略。学龄前幼儿对外界环境刺激较为敏感,很容易被外界环境干扰。因此,教师需要为幼儿创设适合专注力发展的环境,可以通过减少游戏时间或减轻外部声音刺激,如户外运动音乐、背景音乐等,以免吸引幼儿的注意。

(二)提供多样材料

丰富的材料,特别是辅助材料,如马路装饰品等,能激发幼儿更多的创意,促进幼儿搭建各种不同的主题相关物品。如果提供给幼儿的材料较为单一,就可能会限制幼儿的建构行为,他们在完成已有的设想后就容易分散注意力。

实录 2:

伴随教师的鼓励,琪琪迅速投入游戏中,她和小智一起搭建了一辆卡车,两人兴奋地玩起了装卸货物的游戏。他们合作寻找材料库中的马路底板,模拟汽车在公路上行驶的情景。然而,在 25 至 32 分钟这段时间内,欢欢打扰了琪琪,她显得有些分心,手中的动作停了下来。直到欢欢离开,她才重新和小智投入到搭建马路的游戏中。活动接近尾声,琪琪在最后 2 分钟时离开了自己的游戏区域,她四处张望,似乎在寻找新的乐趣。

幼儿姓名:琪琪	**性别:**女	**编号:**2
年龄:5 岁	**观察日期:**4.22	
开始时间:10:00	**结束时间:**10:40	
观察地点:教室	**观察方法:**时间取样观察法	
背景:加入了更多的材料后,琪琪对游戏有了进一步的想法,尝试搭建更多的作品。		
观察者:沈老帅		
幼儿专注投入行为类别: 1. 注意分散　2. 提醒后投入　3. 专注投入　4. 其他		
操作性定义: 1. 注意分散:容易被周围动静吸引,分心到与结构游戏主题无关的事物上,出现如谈论无关话题、相互玩闹、无目的摆弄或坐着不动等行为。		

续　表

2. 提醒后投入：能参与游戏，当外界有干扰时会吸引幼儿注意，但在同伴或教师提醒后能回归到游戏中。
3. 专注投入：游戏中能全情投入，能始终抗拒干扰，不被周围动静所吸引，坚持投入游戏较长时间。
4. 其他：不能归属于上述四种专注投入行为。

游戏时间段	注意分散（分钟）	提醒后投入（分钟）	专注投入（分钟）	其他
0—8 分钟	1(8 分钟)			
9—16 分钟		1(5 分钟)	1(3 分钟)	
17—24 分钟			1(8 分钟)	
25—32 分钟	1(4 分钟)		1(4 分钟)	
33—40 分钟	1(2 分钟)		1(6 分钟)	
合计(时间)	14 分钟	5 分钟	21 分钟	0 分钟

标志：
数字表示该时间段内相应游戏行为出现的次数。
括号内的时间表示目标行为持续的时间。

幼儿行为分析：

当其他幼儿开始游戏时，琪琪没有马上投入活动，而是无目的地摆弄材料，特别是一些新投放的装饰物品。于是，教师进行提醒，询问琪琪对本次活动的设想，她这才投入到游戏中。当旁边偶尔有幼儿打扰她时，她还是十分投入。在游戏过程中，琪琪用搭建好的卡车和小智一起玩起了装卸货物的游戏，并且去材料库寻找马路底板，模拟汽车上路。在 25—32 分钟这段时间内，由于同伴的干扰，琪琪出现了一次注意分散，时长为 4 分钟。等同伴离开后，琪琪再次和小智开始搭建马路。在游戏结束前的最后 2 分钟，琪琪离开了自己的游戏区域。

教师支持策略：

（一）及时倾听引导

教师在活动中经常关注琪琪的行为，当发现她没有开展活动时，及时进行询问，了解她的想法，并给予鼓励，引导她开展对主题建构的思考。缺少任务意识的孩子往往会在游戏中无所事事，从而影响专注力的发展。这个时候就需要教师进

行适当的提醒,并鼓励幼儿参与同伴的讨论和规划,或让其接受一个小任务,必要时可以帮助其一起完成主题建构。

(二)鼓励多样玩法

琪琪根据自己的想法搭建完自己的作品后开始玩了起来,这时候能观察到她的专注投入度是很高的。搭建后能和同伴一起玩起来的作品,能不断刺激幼儿投入主题游戏中,也能不断引发幼儿对主题进行进一步的表征。

(三)推广成功经验

教师可以利用游戏分享环节,将捕捉到的幼儿良好行为进行推广,比如合作开展搭建、在游戏前能有游戏计划、在游戏中遇到困难时不放弃等。这些行为在得到教师和幼儿赞赏的同时,也有助于其他幼儿的模仿与尝试。

二、针对"倾听与交流"深度学习发展指标的观察与支持策略应用案例

主题式结构游戏"游乐园"

实录 1:

悦悦在选定区域搭建积木,偶尔思考,不理会周围幼儿的玩耍声。心心拿着玩具试图吸引悦悦的注意,但悦悦只是简单点头,继续她的搭建。当心心建议加固积木塔时,悦悦停下工作,认真倾听并调整积木位置。两人开始讨论如何改进积木塔,悦悦提出加防护栏可能导致塔倒塌的问题。于是,她们尝试多种解决方案,悦悦展现了专注力和创造力。

幼儿姓名:悦悦	**性别:**女	**编号:**1
年龄:5 岁	**观察日期:**10.13	
开始时间:10:00	**结束时间:**10:40	
观察地点:教室	**观察方法:**时间取样观察法	
背景:随着主题式结构游戏的开展,悦悦每天都兴致勃勃地投入这项有趣的任务中。她能用不同积木搭建出旋转木马、过山车和碰碰车等,且每一个作品都能玩起来,深受其他小朋友的喜爱,她们仿佛真的在游乐园中。		
观察者:陆老师		
幼儿倾听与交流行为类别: 1. 无倾听无交流 2. 倾听不交流 3. 倾听并回应 4. 倾听并主动交流 5. 其他		

操作性定义：

1. 无倾听无交流：不愿意倾听他人的建议或想法，且不愿交流。
2. 倾听不交流：能倾听他人的建议或想法，但沉默不交流或不围绕主题内容进行交流，且语言表述较模糊。
3. 倾听并回应：能倾听他人的建议或想法，能对他人发起的对话做出回应，且语言表述较清晰。
4. 倾听并主动交流：在活动过程中，能主动对同伴发起对话或提问，能仔细倾听他人的想法，听不懂或有疑问时能主动提问并交流。
5. 其他：不属于以上几种行为。

游戏时间段	无倾听 无交流	倾听 不交流	倾听 并回应	倾听并 主动交流	其他
0—8 分钟	1(6 分钟)	1(2 分钟)			
9—16 分钟	1(3 分钟)		1(5 分钟)		
17—24 分钟	1(7 分钟)	1(45 秒)			1(15 秒)
25—32 分钟	2(3 分钟， 4 分钟)	1(1 分钟)			
33—40 分钟	2(2 分钟， 4 分钟)	1(2 分钟)			
合计(时间)	29 分钟	5 分钟 45 秒	5 分钟	0 分钟	1(15 秒)

标志：
数字表示该时间段内相应游戏行为出现的次数。
括号内的时间表示目标行为持续的时间。

幼儿行为分析：

从以上记录能发现，悦悦在游戏过程中以自我搭建为主，专注力较集中，无倾听无交流共 29 分钟，倾听与交流行为较少，倾听不交流共 4 次，合计 5 分 45 秒，倾听并回应仅 1 次，持续 5 分钟。

本次观察能发现悦悦主要专注于自己的搭建任务，与其他幼儿的沟通交流较少，表现出一定的以自我为中心。在游戏过程中，当同伴与她沟通无关搭建的内容时，她基本表现为无倾听行为，仅仅看了同伴一眼后就继续搭建。只有当涉及她的建构内容时，悦悦才会表现出倾听及回应等行为。在与同伴沟通的过程中，触发了悦悦的相关认知经验并使其陷入思考。她搭建的滚小球路线，虽然有坡度且小球能滚下去，可是没有任何防护栏，小球容易冲出路线，不能按照她原来的设计滚动。

如果增加了防护栏,又容易使这幢"危楼"不平衡而立马倒塌。

教师支持策略:

(一)分享交流,引发探讨

在分享交流环节,教师鼓励悦悦分享自己的搭建心得与感受,引导其他幼儿对其提问:"小球从起点出发,如何让它滚起来?""坡度这么高,小球很容易滚出去,怎么样才能使小球不掉出去呢?"她在思考问题、解决问题的过程中提高了倾听与交流能力。

(二)合作搭建,推动思考

教师可以组织幼儿进行合作搭建,让他们在共同完成任务的过程中增加沟通交流的机会。如安排悦悦与其他幼儿一起搭建某个游乐园项目,引导他们在搭建过程中相互协作、分享想法,以提高悦悦的倾听与交流能力。

实录 2:

游戏开始,悦悦和同伴围坐在一起,计划搭建磁力片塔。他们互相展示磁力片,讨论搭建方案。悦悦专注地搭建,偶尔观察同伴的进展,确保协调。当同伴询问颜色搭配时,悦悦建议使用蓝色。遇到难题时,悦悦独立思考,同伴则继续搭建。最终,悦悦找到了解决办法,两人开始合作,完善作品。活动结束后,他们欣赏并讨论了作品,悦悦提议下次尝试搭建更大的作品,两人约定下次再合作。

幼儿姓名:悦悦	性别:女	编号:2
年龄:5 岁	观察日期:10.15	
开始时间:10:00	结束时间:10:40	
观察地点:教室	观察方法:时间取样观察法	

背景:经过前一次的游戏交流,悦悦对游戏中出现的问题有了新的认识。在今天的游戏中,悦悦开始与同伴合作搭建。

观察者:陆老师

幼儿倾听与交流行为类别:
1. 无倾听无交流　2. 倾听不交流　3. 倾听并回应　4. 倾听并主动交流　5. 其他

操作性定义:
1. 无倾听无交流:不愿意倾听他人的建议或想法,且不愿交流。
2. 倾听不交流:能倾听他人的建议或想法,但沉默不交流或不围绕主题内容进行交流,且语言表述较模糊。
3. 倾听并回应:能倾听他人的建议或想法,能对他人发起的对话做出回应,且语言表述较清晰。
4. 倾听并主动交流:在活动过程中,能主动对同伴发起对话或提问,能仔细倾听他人的想法,听不懂或有疑问时能主动提问并交流。
5. 其他:不属于以上几种行为。

续　表

游戏时间段	无倾听 无交流	倾听 不交流	倾听 并回应	倾听并 主动交流	其他
0—8分钟	1(4分钟)		1(3分钟)	1(1分钟)	
9—16分钟	1(5分钟)		1(3分钟)		
17—24分钟	1(4分钟)	2(1分钟， 3分钟)			
25—32分钟	1(6分钟)	1(1分钟)	1(1分钟)		
33—40分钟	1(3分钟)	1(2分钟)	1(1分钟)	1(2分钟)	
合计(时间)	22分钟	7分钟	8分钟	3分钟	0分钟

标志：
数字表示该时间段内相应游戏行为出现的次数。
括号内的时间表示目标行为持续的时间。

幼儿行为分析：

在第二次观察中，悦悦的倾听与交流行为相较于第一次观察有所增加。在整个40分钟的游戏过程中，悦悦无倾听无交流的次数为5次，持续时间为22分钟，相较于第一次有所减少。悦悦与同伴的互动时间有所增加，其中倾听不交流4次、倾听并回应4次、倾听并主动交流2次。通过对比可以发现，悦悦开始愿意倾听并主动与同伴进行交流。

由此可见，教师增加双人合作搭建后，悦悦与同伴开始了交流。在搭建过程中，悦悦不仅对自己的任务保持了高度的专注，还能够主动与其他幼儿进行沟通交流。如在活动刚开始时与同伴交流本次搭建的内容是什么、运用哪些磁力片、如何搭建等。当同伴提出问题时，她也能耐心倾听并回应。但这些仅发生在开始与结束时的8分钟，当悦悦发现问题并进行深入思考以寻找解决办法时，她还是无倾听无交流地专注探索，不断完善自己的设计。

教师支持策略：

（一）持续关注，捕捉亮点

教师在活动中持续关注悦悦的进步，捕捉每一个闪光点，及时给予肯定和鼓励，提高她与同伴沟通交流的自信心。

(二)引导反思,协同思辨

在活动结束后,教师通过提问引导悦悦回想自己在搭建过程中的表现,帮助她意识到倾听与交流的重要性:正是因为同伴的质疑,才让她思考了原有设想的可行性,发现其中的不足,不断调整,触发深度学习。

实录3:

悦悦和同伴围坐在桌前,开始了40分钟的搭建游戏。10分钟后,悦悦专注搭建模型,主动向旁边的心心询问搭建方法。在20分钟时,遇到困难的悦悦寻求帮助,与心心沟通完成后,她成功完成了搭建。在30分钟时,悦悦展示了作品并向心心询问意见,得到了积极反馈,两人愉快地交流。

幼儿姓名:悦悦	性别:女	编号:3

年龄:5 岁　　　　　　　　　　　观察日期:10.16
开始时间:10:00　　　　　　　　结束时间:10:40
观察地点:教室　　　　　　　　观察方法:时间取样观察法
背景:经过合作搭建,悦悦意识到了交流的重要性,也发现了很多问题能够在游戏中与同伴一起商量。于是,悦悦再次开启了与同伴的合作游戏。
观察者:陆老师

幼儿倾听与交流行为类别:
1. 无倾听无交流　2. 倾听不交流　3. 倾听并回应　4. 倾听并主动交流　5. 其他

操作性定义:
1. 无倾听无交流:不愿意倾听他人的建议或想法,且不愿交流。
2. 倾听不交流:能倾听他人的建议或想法,但沉默不交流或不围绕主题内容进行交流,且语言表述较模糊。
3. 倾听并回应:能倾听他人的建议或想法,能对他人发起的对话做出回应,且语言表述较清晰。
4. 倾听并主动交流:在活动过程中,能主动对同伴发起对话或提问,能仔细倾听他人的想法,听不懂或有疑问时能主动提问并交流。
5. 其他:不属于以上几种行为。

游戏时间段	无倾听无交流	倾听不交流	倾听并回应	倾听并主动交流	其他
0—8分钟	1(3分钟)		1(3分钟)	1(2分钟)	
9—16分钟	1(5分钟)		1(2分钟)	1(1分钟)	
17—24分钟	1(4分钟)	2(1分钟,1分钟)		1(2分钟)	

续表

续表

游戏时间段	无倾听 无交流	倾听 不交流	倾听 并回应	倾听并 主动交流	其他
25—32分钟	1(4分钟)			1(4分钟)	
33—40分钟	1(5分钟)		1(1分钟)	1(2分钟)	
合计(时间)	21分钟	2分钟	6分钟	11分钟	0分钟

标志：
数字表示该时间段内相应游戏行为出现的次数。
括号内的时间表示目标行为持续的时间。

幼儿行为分析：

在第三次观察中,悦悦的倾听与交流行为相较于第二次观察再次提升。在整个40分钟的游戏过程中,悦悦无倾听无交流的次数为5次,持续时间为21分钟。在搭建的过程中,悦悦时不时与同伴进行互动,其中倾听不交流2次、倾听并回应3次、倾听并主动交流5次。通过与前次游戏对比,我们发现虽然悦悦无倾听无交流的时长没有发生明显变化,但是倾听并主动交流的次数和时长明显增加,倾听不交流的次数和时长有所减少。

通过对比可以发现,悦悦在第三次观察中表现出更高的倾听与交流意愿。她在搭建过程中不仅能主动与其他幼儿进行沟通交流,还能够针对同伴提出的问题进行回应。在活动结束后的反思环节,悦悦也能够认真倾听同伴的意见,并对自己在搭建过程中的表现进行总结。

教师支持策略：

(一)表扬鼓励,激发动机

当悦悦展示出良好的倾听与交流行为时,教师应及时予以表彰和激励,使她感受到自身的进步,从而在愉悦的情感体验中更加积极地参与学习和生活。

(二)家园共育,情绪传递

教师要与家长保持沟通,使家长了解悦悦在幼儿园的表现,并鼓励家长在家中引导悦悦进行建构游戏,并在游戏过程中与她进行沟通与交流,使她在家庭环境中也能养成良好的倾听与交流习惯。

三、针对"问题意识"深度学习发展指标的观察与支持策略应用案例

主题式结构游戏"轨道奇遇记"

实录1：

鑫鑫用长木板组合成了一个细细的轨道,用两个三角形木块搭建了一个反向的斜坡,并在一侧斜坡放置了一个纸杯,尝试让小球滚进杯中。可是,小球只成功滚入了一次。小球不是在"山洞"处被卡住,就是在滑上斜坡后又重新滚回了"山洞"处。鑫鑫试了很多次,都没有成功。于是,鑫鑫将塑料球换成小木球,继续将小球放在斜坡上滚动,但小木球依然不能滚入纸杯中。尝试了几次后,鑫鑫选择了放弃,直至游戏结束。

幼儿姓名：鑫鑫	性别：男	编号：1
年龄：6 岁	观察日期：11.16	
开始时间：10:00	结束时间：10:40	
观察目标：观察鑫鑫在游戏中的问题意识		
观察方法：事件取样观察法		
观察者：顾老师		

幼儿问题意识行为类别：
1. 无问题意识 2. 沉默回避 3. 稍做尝试 4. 寻求帮助 5. 主动提问 6. 自主思考 7. 其他

操作性定义：
1. 无问题意识：当多次搭建不成功时,意识不到问题。
2. 沉默回避：当他人指出问题后仍选择沉默回避,没有做出相应调整。
3. 稍做尝试：能发现搭建过程中产生的问题,或当他人指出问题后,自己稍做尝试便放弃。
4. 寻求帮助：能发现搭建过程中产生的问题,思考未果后选择求助同伴或老师。
5. 主动提问：发现问题后能主动表达自己的疑问,并与同伴或老师进行沟通商量。
6. 自主思考：能阐述遇到的问题,分析原因后对搭建行为做出相应的调整。
7. 其他：不属于以上几种行为。

编号	开始	结束	做了什么	行为类别
1	10:20	10:40	鑫鑫搭建了一个反向的斜坡,并在一侧斜坡放置了一个纸杯,尝试让小球滚进杯中。但小球不是在中间被卡住,就是在滑上斜坡后重新返回。鑫鑫反复尝试了很多次,都没有成功。	CS
2	10:40	10:40	鑫鑫将塑料球换成了小木球,继续将小球放在斜坡上滚动,小木球依然不能滚入纸杯中。	CS

105

续　表

标志：ㅤ
幼儿问题意识类别：
WW＝无问题意识　　CM＝沉默回避　　CS＝稍做尝试　　XQ＝寻求帮助
TW＝主动提问　　　ZZ＝自主思考　　QT＝其他

幼儿行为分析：

从第一个片段中可以发现，面对多次失败，鑫鑫已经意识到导致小球无法顺利滚入纸杯的原因，即小球被中间的积木卡住，以及塑料小球的爬坡能力较弱。面对这两个问题，鑫鑫通过多次尝试去探究问题的解决办法。

在第二个片段中可以看出，鑫鑫认为导致失败的原因可能是塑料小球太轻了，因此，他尝试更换成小木球去解决遇到的问题。

可见，鑫鑫在游戏中虽然没有主动提出问题，但是从游戏行为中可以看出鑫鑫已经具有初步的问题意识，愿意通过自己的努力去探究问题的根源，从而想办法解决问题。但是由于鑫鑫尚不能清晰地意识到问题发生的根本原因，因此无法解决该问题。

教师支持策略：

（一）游戏前通过照片及视频回放，引导幼儿回忆前次游戏中遇到的问题

在分享环节之初，教师通过回放活动现场的照片及视频，引导鑫鑫回忆在游戏中遇到的问题。同时，教师让其他幼儿也对游戏中的问题进行思考，为后面的头脑风暴做准备。

（二）分享环节进行头脑风暴，帮助幼儿重现核心经验，共同分析问题

通过提问，教师可以了解鑫鑫是否真正意识到了在游戏中遇到的问题，以及是否能将问题表述清楚。然后，通过同伴的力量，帮助鑫鑫寻找问题出现的原因，使他积累相关主题核心经验。

（三）游戏后通过语言的方式鼓励幼儿继续尝试

虽然同伴提出了不同的解决办法，但是否能真正解决游戏中的问题，还需要鑫鑫亲自动手尝试和探索。因此，教师鼓励鑫鑫用同伴提出的建议再次尝试，去感知小球的重量及坡度的高低对小球滚动速度的影响。

实录2：

一进入结构室，鑫鑫就驻扎在了"机关王"区域，没过多久便兴冲冲地跑向教师："老师，我搭了一辆车，这个轨道可以转动。""想一个新的游戏吧！"教师建议道。

于是，鑫鑫将轨道进行了延长，在轨道的末端将两块方形积木垒高作为支架，又在不远处用圆柱体积木同样进行了垒高,在最上端放了一个纸杯作为目标物,并在目标物和轨道支架之间用半圆形积木和长方形积木做了阻隔。原来,他是想让小球飞跃阻隔,击中目标纸杯。只见鑫鑫拿着木球,站在小车前端,用力将木球往前一推,小球沿着轨道"飞奔"而出,迅速冲出了轨道完成了撞击。皓皓和小哲也加入其中,大家轮番尝试。

看到孩子们这么开心,教师也加入他们。教师将小球和支架往后移,并问道:"现在你们觉得还能击倒纸杯吗?"他们尝试着发射小球,可是小球在空中坠落,没有撞击到纸杯。鑫鑫和小伙伴尝试了几次后,以失败告终。鑫鑫将小木球换成了更大的木球进行尝试,依旧没有成功。鑫鑫问皓皓:"为什么大球还不行呢?""再用点力试试看?"皓皓回答。鑫鑫用了皓皓的办法,再次尝试后取得了成功。大家在兴奋之余,将这次撞击称为"士兵突击"。

幼儿姓名:鑫鑫	性别:男	编号:2

幼儿姓名:鑫鑫　　　　　　　**性别:**男　　　　　　　　**编号:**2
年龄:6 岁　　　　　　　　　**观察日期:**11.17
开始时间:10:00　　　　　　**结束时间:**10:40
观察目标:观察鑫鑫在游戏中的问题意识
观察方法:事件取样观察法
观察者:顾老师

幼儿问题意识行为类别:
1. 无问题意识　2. 沉默回避　3. 稍做尝试　4. 寻求帮助　5. 主动提问　6. 自主思考
7. 其他

操作性定义:
1. 无问题意识:当多次搭建不成功时,意识不到问题。
2. 沉默回避:当他人指出问题后仍选择沉默回避,没有做出相应调整。
3. 稍做尝试:能发现搭建过程中产生的问题,或当他人指出问题后,自己稍做尝试便放弃。
4. 寻求帮助:能发现搭建过程中产生的问题,思考未果后选择求助同伴或老师。
5. 主动提问:发现问题后能主动表达自己的疑问,并与同伴或老师进行沟通商量。
6. 自主思考:能阐述遇到的问题,分析原因后对搭建行为做出相应的调整。
7. 其他:不属于以上几种行为。

编号	开始	结束	做了什么	行为类别
1	10:15	10:40	鑫鑫拿着木球,站在小车前端,将小木球往前一推,木球沿着轨道向前"飞奔",撞倒了离轨道不远的纸杯。于是,我加入其中,将小球和支架往后移,再让鑫鑫推小球。鑫鑫和小伙伴尝试了几次后,以失败告终。鑫鑫将小木球换成了更大的木球进行尝试,依旧没有成功。鑫鑫问皓皓:"为什么大球还不行呢?""再用点力试试看?"皓皓回答。鑫鑫用了皓皓的办法,再次尝试后取得了成功。	XQ

续　表

标志： 幼儿问题意识类别： WW＝无问题意识　　CM＝沉默回避　　CS＝稍做尝试　　XQ＝寻求帮助 TW＝主动提问　　　　ZZ＝自主思考　　QT＝其他

幼儿行为分析：

在这次游戏中，鑫鑫和小伙伴开启了新的游戏。面对游戏中教师制造的"新麻烦"，经过几番尝试后，鑫鑫意识到了问题所在，即小车与支架之间的距离变长后，小球撞不到纸杯了。于是，鑫鑫将上次游戏中的经验运用到了其中，选择更换更大的木球进行尝试，依然失败后选择求助于同伴。

从鑫鑫的游戏行为中我们可以看出，他的问题意识有了一定的提升。他在发现问题后依旧能够尝试自己想办法解决，但在失败后并不是选择放弃，而是求助于同伴，说明鑫鑫在经过上次游戏的分享后，知道遇到困难可以求助于同伴，一起解决问题。

教师支持策略：

（一）游戏中制造问题、提出挑战，引导幼儿思考与猜测

通过观察，教师发现在拓展的游戏中，孩子们可以积累更多的认知经验。因此，教师以玩伴的身份进入游戏，运用提问的方式，引导幼儿进行更深入的思考和探索。

（二）分享环节交流经验，提升成功感

教师通过回放鑫鑫的游戏照片，让他回顾游戏过程，将自己的问题和收获介绍给同伴，分享成功后的喜悦。然后，利用思维导图，将鑫鑫和小伙伴在游戏过程中积累的核心经验进行梳理和总结。

（三）游戏后自主表征

教师引导鑫鑫在游戏后将自己的游戏经历进行记录，并用符号进行标记。

实录3：

刚进入结构室，鑫鑫就对上星期搭建的小车进行了改造，他还将原本的单轨变成了并列双轨道，又将两根轨道的末端用积木进行"封锁"，制造了小球"撞击点"，并且用各类积木组成了"穿越地平线"的场景。

然而当小球从两根轨道中间滚下时，塑料小球虽然在"撞击点"发生了弹跳，但是并没有穿越"地平线"。于是，鑫鑫抱起"发射器"火速冲向了"机关王"区域。大概5分钟后，改良版"发射器"新鲜出炉，原来的单层双轨变成了双层四轨。完成后，鑫鑫又将塑料小球放在上层轨道上。小球的高度升高了，落在木板上后向前弹起，飞跃成功。

　　这时,小宝拿着大木球加入了鑫鑫的游戏,当木球从轨道滚落后,并没有成功飞越"地平线"。几番尝试后,依旧不成功。鑫鑫说:"木球太重了,跳不起来,用中球试试。"小宝尝试了几次后,有时成功,有时失败。鑫鑫又把小木球和塑料小球给小宝,让他继续尝试。

幼儿姓名:鑫鑫	性别:男	编号:3
年龄:6岁	观察日期:11.22	
开始时间:10:00	结束时间:10:40	
观察目标:观察鑫鑫在游戏中的问题意识		
观察方法:事件取样观察法		
观察者:顾老师		

幼儿问题意识行为类别:

1. 无问题意识　2. 沉默回避　3. 稍做尝试　4. 寻求帮助　5. 主动提问　6. 自主思考
7. 其他

操作性定义:

1. 无问题意识:当多次搭建不成功时,意识不到问题。
2. 沉默回避:当他人指出问题后仍选择沉默回避,没有做出相应调整。
3. 稍做尝试:能发现搭建过程中产生的问题,或当他人指出问题后,自己稍做尝试便放弃。
4. 寻求帮助:能发现搭建过程中产生的问题,思考未果后选择求助同伴或老师。
5. 主动提问:发现问题后能主动表达自己的疑问,并与同伴或老师进行沟通商量。
6. 自主思考:能阐述遇到的问题,分析原因后对搭建行为做出相应的调整。
7. 其他:不属于以上几种行为。

编号	开始	结束	做了什么	行为类别
1	10:15	10:25	鑫鑫对上周搭建的小车进行了改造,他还将原本的单轨变成了并列双轨道,又将两根轨道的末端用积木进行"封锁",制造了小球"撞击点"。当塑料小球从两根轨道中间滚下时,塑料小球虽然在"撞击点"发生了弹跳,但是并没有穿越"地平线"。大概5分钟后,鑫鑫将单层双轨变成了双层四轨,再次释放小球后,获得了成功。	ZZ
2	10:30	10:40	小宝拿着大木球加入了鑫鑫的游戏,当木球从轨道滚落后,并没有成功飞越"地平线"。几番尝试后,依旧不成功。鑫鑫说:"木球太重了,跳不起来,用中球试试。"小宝尝试了几次后,有时成功,有时失败。鑫鑫又把小木球和塑料小球给小宝,让他继续尝试。	ZZ

标志:

幼儿问题意识类别:

WW=无问题意识	CM=沉默回避	CS=稍做尝试	XQ=寻求帮助
TW=主动提问	ZZ=自主思考	QT=其他	

幼儿行为分析：

在第一个片段中，鑫鑫根据同伴的游戏经验对自己的小车进行了改造。当第一次搭建完成后，并没有达到自己想要的结果。于是，他将轨道进行改造，通过搭建双层轨道来提高轨道的高度。

当小宝加入鑫鑫的游戏后，相同的轨道、不同的木球产生了不同的弹跳效果。意识到这一因素后，鑫鑫分别将不同的小球给小宝尝试。

从鑫鑫的两次行为可以发现，他的问题意识在探索中不断增强。首先，原本的单层轨道无法让塑料小球成功完成飞越，鑫鑫显然意识到了这个问题的原因并进行了相应的调整。然后，同伴在游戏中也遇到了相同的问题，鑫鑫能够在发现由于材料、大小不同导致的问题后，协助同伴尝试解决。由此可见，鑫鑫虽然没有对自己的想法进行阐述，但是从他的行动中可以看出，他能从不同的角度进行分析并做出相应的调整。

教师支持策略：

（一）分享环节将经验分享给同伴

教师通过回放鑫鑫的游戏照片，让他回顾游戏过程，将自己的问题和收获介绍给同伴，帮助其他幼儿积累相关核心经验。

（二）游戏后进行对比实验，积累经验

教师通过组织一系列集体实验活动，让更多幼儿有机会亲自观察并发现小球弹跳的高度与球的材料及重量之间存在着密切的关系。

四、针对"目标计划"深度学习发展指标的观察与支持策略应用案例

主题式结构游戏"我们的城市"

实录1：

宁宁和队友们兴奋地开始搭建以"未来城市"为主题的模型，但场地拥挤和材料短缺导致作品受损，小组之间也因材料发生争执，分工混乱。在教师的帮助下，宁宁认识到了问题，开始和同伴讨论合作和规划，但在计划执行中仍出现混乱，原定的圆形博物馆变成了方形结构，分工也未按计划执行，导致进度缓慢，作品未完成。

幼儿姓名：宁宁	性别：女	编号：1

年龄：6岁　　　　　　　　**观察日期：**4.6

开始时间：10:00　　　　　**结束时间：**10:40

观察目标：观察宁宁在游戏中的目标计划行为

观察方法：事件取样观察法

观察者：张老师

幼儿目标计划类别：

1.无目标计划　　2.有目标无计划　　3.有目标计划,易忽略　　4.有简单计划,呈现部分细节　　5.有详细计划,呈现整体　　6.根据目标,动态调整计划　　7.其他

操作性定义：

1.无目标计划：没有具体的目标,忽视材料或游戏本身,毫无目的地摆弄材料。

2.有目标无计划：能用简短的语句表达自己的意愿,但没有描述任何实施计划的细节,在游戏过程中会选择自己喜欢的材料进行搭建。

3.有目标计划,易忽略：能用几句话表述自己的计划,能按照自己的想法选择材料,边想边做,有时会忽略自己的计划。

4.有简单计划,呈现部分细节：有明确的目标,有简单的计划,基本能够按照自己的目标完成活动,并呈现一个或两个计划细节。

5.有详细计划,呈现整体：有清晰详细的目标和计划,能按照计划进行搭建,并呈现三个以上计划细节。

6.根据目标,动态调整计划：能围绕目标和计划实施搭建,并根据实际情况进行反思和调整,不断完善计划。

7.其他：不属于以上几种行为。

编号	开始	结束	做了什么	行为类别
1	10:10	10:25	在游戏前,宁宁小组对游戏内容做了初步的规划,她们想用清水积木搭建博物馆。琪琪小组紧接着她们的场地,也选择用清水积木搭建学校。在搭建过程中,两组为了场地、材料和人员等问题多次发生争吵。	YW
2	10:25	10:40	在教师的引导下,宁宁得到了启发,召集伙伴对博物馆的造型、建构材料、场地和分工展开了讨论,但在搭建过程中出现了作品造型不统一、分工不明确等问题,导致最后作品没完成。	YH

标志：

幼儿目标计划类别：

WW=无目标计划　　　　　YW=有目标无计划　　　　YH=有目标计划,易忽略

JD=有简单计划,呈现部分细节　　　　　　　　XX=有详细计划,呈现整体

TZ=根据目标,动态调整计划　　　　　　　　　QT=其他

幼儿行为分析：

从第一个片段可以看出，宁宁在游戏一开始能选择喜欢的材料并围绕主题进行搭建，有一定的目标。但她对游戏的细节，如场地、造型、分工等，没有与同伴做相关的讨论和计划，导致在游戏过程中状况百出，如场地拥挤造成作品被破坏、材料不够造成争抢、小组成员随意更换等。这都是因为她在进行游戏时缺乏计划、着急追求结果导致的，体现了她有目标无计划的状态。

在第二个片段中，宁宁在教师的引导下意识到产生问题的原因在于缺乏计划，于是和同伴针对细节展开了讨论。但是在搭建过程中，她脱离了原有计划，如计划搭建的圆形博物馆搭成了方形；计划的两人取材料、两人搭建变成了一人取材料、一人搭建，另外两人游离在游戏之外，导致搭建进度过慢，没有完成作品。这说明幼儿在游戏中边想边做，会随时改变自己的想法，易忽略计划。

可见，宁宁在游戏中具有一定的目标意识，能够围绕主题进行搭建，但计划性不强，虽在教师的引导下能够通过语言表达自己的计划，但易忽略计划。

教师支持策略：

（一）创设纸笔区，提供物质支持

大班幼儿具有初步的目标计划素养，但他们习惯用语言来表达。通过创设纸笔区，可以让幼儿养成随时记录的习惯，提升表征水平。教师可以引导幼儿从口头表述计划向绘画表征计划发展。此外，由于年龄特点所致，幼儿在搭建过程中容易改变想法。将计划落到纸上，有利于提升幼儿的目标计划素养。

（二）鼓励分工合作，激发学习动机

对大班幼儿来说，他们已掌握一定的建构技巧，有自己的设想和规划，能合作完成较为复杂的工程。在主题式结构游戏开展前，教师可以鼓励幼儿分工协商，由计划书的主设计师完成主图，成员补充记录完成细节图，最后再由一名成员从头至尾讲解计划书，激发所有组员的学习动机，力求让每一名成员都始终记得任务并付诸实施。

（三）引导前后对比，搭建经验支架

游戏计划书对合作阶段的幼儿来说显得尤为重要。每一名小组成员都能借此将自己的想法大胆表达出来。当意见不统一时，组员之间可以通过语言协商达成一致，并对主题有一个整体的规划。此外，为了让游戏计划书由幼儿的个别经验扩展到全体幼儿的共有经验，教师可以将有计划书的搭建过程和无计划书的搭建过程实况拍下，引导幼儿进行对比讨论，以此积累成功经验。

实录2：

宁宁坐在桌前画画，兴奋地告诉教师她的游戏计划。她和伙伴们用积木搭建，讨论如何区分教室和游戏室。教师询问她们如何标记，她们提出用颜色来标记。在幼儿园的空地上，孩子们根据图纸搭建模型，宁宁指挥同伴放置升旗台和伸缩门。她们仔细对照图纸，确保每个部分搭建准确。模型完成后，孩子们欢呼不已，教师赞扬他们的创意和努力，孩子们感到非常自豪。

幼儿姓名：宁宁	性别：女	编号：2
年龄：6岁	观察日期：4.8	
开始时间：10:00	结束时间：10:40	
观察目标：观察宁宁在游戏中的目标计划行为		
观察方法：事件取样观察法		
观察者：张老师		

幼儿目标计划类别：
1.无目标计划 2.有目标无计划 3.有目标计划，易忽略 4.有简单计划，呈现部分细节 5.有详细计划，呈现整体 6.根据目标，动态调整计划 7.其他

操作性定义：
1. 无目标计划：没有具体的目标，忽视材料或游戏本身，毫无目的地摆弄材料。
2. 有目标无计划：能用简短的语句表达自己的意愿，但没有描述任何实施计划的细节，在游戏过程中会选择自己喜欢的材料进行搭建。
3. 有目标计划，易忽略：能用几句话表述自己的计划，能按照自己的想法选择材料，边想边做，有时会忽略自己的计划。
4. 有简单计划，呈现部分细节：有明确的目标，有简单的计划，基本能够按照自己的目标完成活动，并呈现一个或两个计划细节。
5. 有详细计划，呈现整体：有清晰详细的目标和计划，能按照计划进行搭建，并呈现三个以上计划细节。
6. 根据目标，动态调整计划：能围绕目标和计划实施搭建，并根据实际情况进行反思和调整，不断完善计划。
7. 其他：不属于以上几种行为。

编号	开始	结束	做了什么	行为类别
1	10:10	10:20	游戏开始前，宁宁作为主设计师完成了"幼儿园"的土图，并向同伴介绍道："这幢像城堡一样的房子就是我们的教室，旁边是滑滑梯。"	JD
2	10:20	10:30	宁宁的计划引来了同伴的质疑："小区也有滑滑梯，怎么区分小区和幼儿园呢？"大家陷入了沉思。教师说："什么东西是只有幼儿园里才有的？"大家你一言我一语，互相补充着，然后在游戏计划书上进行添加。	XX

续　表

编号	开始	结束	做了什么	行为类别
			续　表	
3	10:30	10:50	宁宁小组开始根据计划书进行搭建。宁宁用红色彩纸做红旗，琪琪用白色栅栏充当自动伸缩门，硕硕则是照着图书角里《我的幼儿园》这本图书的封面描写着"幼儿园"这三个字，幼儿园初显雏形。	XX

标志：
幼儿目标计划类别：
WW=无目标计划　　　　　　YW=有目标无计划　　　　　　YH=有目标计划，易忽略
JD=有简单计划，呈现部分细节　　　　　　　　　　　　　XX=有详细计划，呈现整体
TZ=根据目标，动态调整计划　　　　　　　　　　　　　　QT=其他

幼儿行为分析：

在片段一中，宁宁在游戏前主动规划了"幼儿园"的游戏计划书，表明她有明确的主题建构目标和计划。城堡式的建筑和滑滑梯的想法呈现了计划中的部分细节，这个计划书虽然简单，但是紧扣目标。

在片段二中，同伴的质疑使游戏止步不前，如何添加一些细节或设施来更好地区分建筑物的功能性呢？教师以开放式的提问帮助幼儿将自己创新的想法表征在图纸上，让游戏计划书变得更细节化和有可行性。

在片段三中，幼儿将计划书付诸实践，如搭建幼儿园里的升旗台、大门口的伸缩门、幼儿园的招牌等，说明幼儿有清晰详细的目标和计划，能按照计划进行搭建，并将大量的计划细节呈现在作品中。

由问题引发计划，由计划指导实践，由实践收获成功，计划书从简单到详细，不断丰富细节，推动结构游戏不断深入。

教师支持策略：

（一）创设问题情境，丰富核心经验

大班幼儿开始关注造型外的其他细节问题，但因认知经验和规划能力有限，无法全面细致地规划出幼儿园更详细的设施和设备。教师可以通过开放式的提问引发幼儿的发散思维，支持和鼓励幼儿结合生活经验，探讨幼儿园和小区不同的设施，引导幼儿通过回忆和对比形成对幼儿园相对完整的概念，以此推动游戏的发展，促进幼儿深度学习。

（二）整合主题信息，不断完善计划

主题式结构游戏往往是建立在幼儿的已有经验之上的。计划书能使幼儿的经验可视化。但是受生活经验所限，当幼儿对某些经验较缺乏的时候，我们可以引导幼儿进行多渠道的信息收集、整合，如通过图书、照片、视频、网络搜索、参观等方式获取相关信息，为完善计划奠定基础。

实录3：

宁宁小组在结构游戏中的目标计划素养显著增强，她们详细规划了建构目标和计划，主动考虑了场地位置和材料数量。她们计划了多个细节，如"L"造型的停车场和小树林区域，并严格按照计划执行。尽管遇到了超出预期的问题，但她们不断调整计划书。教师引导幼儿重新记录和调整游戏计划书，帮助她们优化计划。随着游戏的深入，幼儿的目标越发明确，她们通过绘画详细呈现计划书上的细节，并根据实际情况反思和调整计划书。

幼儿姓名：宁宁	**性别：**女	**编号：**3
年龄：6 岁	**观察日期：**4.10	
开始时间：10:00	**结束时间：**10:40	
观察目标：观察宁宁在游戏中的目标计划行为		
观察方法：事件取样观察法		
观察者：张老师		

幼儿目标计划类别：

1. 无目标计划　2. 有目标无计划　3. 有目标计划，易忽略　4. 有简单计划，呈现部分细节　5. 有详细计划，呈现整体　6. 根据目标，动态调整计划　7. 其他

操作性定义：

1. 无目标计划：没有具体的目标，忽视材料或游戏本身，毫无目的地摆弄材料。

2. 有目标无计划：能用简短的语句表达自己的意愿，但没有描述任何实施计划的细节，在游戏过程中会选择自己喜欢的材料进行搭建。

3. 有目标计划，易忽略：能用几句话表述自己的计划，能按照自己的想法选择材料，边想边做，有时会忽略自己的计划。

4. 有简单计划，呈现部分细节：有明确的目标，有简单的计划，基本能够按照自己的目标完成活动，并呈现一个或两个计划细节。

5. 有详细计划，呈现整体：有清晰详细的目标和计划，能按照计划进行搭建，并呈现三个以上计划细节。

6. 根据目标，动态调整计划：能围绕目标和计划实施搭建，并根据实际情况进行反思和调整，不断完善计划。

7. 其他：不属于以上几种行为。

编号	开始	结束	做了什么	行为类别
1	10:10	10:20	宁宁小组聚在一起商量今天的搭建内容。通过讨论,她们决定在博物馆后面的空地上用清水积木搭建一个停车场。宁宁拿了张白纸,用记号笔先画了个"博物馆",然后在后面画上"L"形停车场,又在里面画上了各种不同的汽车,随后又在周围画了一些树。宁宁听了队员的建议,在停车场下方画了条横线把计划书一分为二,然后又结合三名小队成员的学号对所需的积木形状和数量进行了设想。	XX
2	10:20	10:40	硕硕带着计划书来到结构室,他负责搬运长方体积木。他看了看图纸,分了好多次终于集齐了计划书要求的34块积木。但他在实际建造过程中发现34块积木远远不够,而有些积木又搬多了,导致积木杂乱地散落各地,无形中增加了工作量。在教师的引导下,硕硕对用来搭建停车场的积木数量进行了重新统计和记录,并与游戏计划书装订在一起。	TZ

标志:
幼儿目标计划类别:

WW=无目标计划	YW=有目标无计划	YH=有目标计划,易忽略
JD=有简单计划,呈现部分细节		XX=有详细计划,呈现整体
TZ=根据目标,动态调整计划		QT=其他

幼儿行为分析:

在片段一中可以观察到宁宁小组在结构游戏中的目标计划素养又有了显著提升,她们制定了详细的主题建构目标和计划,能主动思考建构的场地位置、预设游戏时所需的材料数量,能呈现计划中的多个细节,如"L"造型的停车场、小树林区域等,并且能在游戏过程中严格按照计划实施,这足以说明这组幼儿的目标计划素养正在不断提升,并能高度完成计划书的目标。

在片段二中可以发现,游戏计划书虽然有一定的预设性,但在游戏过程中往往会产生各种超出预期的问题。令人欣慰的是,幼儿能在游戏中进行调整,如从平面到立体空间的过渡、积木大小的选择、产生新的兴趣点等,这些都使得原有的游戏计划书一变再变。这时就需要教师引导与支持幼儿重新记录,调整游戏计划书,让幼儿在每一次协商讨论中完成每一阶段的游戏计划书,帮助幼儿将计划书不断优化。

可见,随着主题式结构游戏的不断深入,幼儿的目标始终在心,并能够将场地、材料、玩伴、造型等细节通过绘画的方式呈现在计划书上,使计划书越来越完整。此外,当建构过程中出现与计划书不匹配的情况时,幼儿会根据实际情况进行反思和调整,不断完善计划书。

教师支持策略:

(一)动态调整记录,观察跟进计划

当超出计划书的预期时,教师要引导幼儿在游戏过程中及时记录变化,并根据实际情况进行必要的调整。游戏计划书不是一成不变的,动态的计划书能体现幼儿当下的认知经验和建构经验,帮助幼儿更好地应对游戏中的变化并及时解决问题,更能为教师的后续支持提供方向。

(二)多方评价反馈,思维逐级进阶

教师可以利用分享环节,引导幼儿围绕计划书回顾整个游戏过程。从一开始游戏主题的确定到主设计师的诞生,再细化到设计图、所需材料、数量、合作成员等,让幼儿沿着结构游戏脉络的展开分享自己的游戏体验。教师要适时提供反馈和建议,帮助幼儿更好地优化游戏计划和实施过程,使他们更好地认识自己的优点和不足。同时,教师还可以鼓励幼儿通过同伴互评、自我反思等方式总结遇到的问题及采取的解决方法,使幼儿的问题解决、人际互动和情感体验同步得到提升。

五、针对"综合评价"深度学习发展指标的观察与支持策略应用案例

主题式结构游戏"青花瓷"

实录1:

孩子们都画了青花瓷设计图。在分享交流环节,教师提出了疑问:"你们觉得哪个设计图最好看?为什么?"方方说:"我的最好看,因为颜色最漂亮。"教师又请一旁的媛媛发表意见,媛媛说道:"我觉得阳阳的和我的最好看。我们的花瓶很大,而且还有各种不同的线条和图案。"

活动后,教师把所有作品呈现在展板上,引导幼儿设立了投票区,并准备了材料库里的贴纸,让他们用点赞贴图的投票方式选出自己最喜欢的设计图;同时还投放了"云点笔",用语音表征来记录孩子们的想法。

幼儿行为分析：

方方和媛媛展示了自我评价与同伴评价的能力，通过语言表达了自己的审美和理由。投票和语音表征活动促进了幼儿的表达与交流，有助于他们理解他人的观点，深化对设计美的认识。

教师支持策略：

（一）发现亮点，榜样示范辐射

教师发现和利用幼儿身上的亮点，有意识地邀请评价能力较强的幼儿作为榜样，发挥同伴示范、辐射作用，引导幼儿把握评价的重点。

（二）提供材料，营造评价氛围

教师将作品用展板进行展示，师幼共同设立了投票区，为幼儿创设了宽松的氛围，助推幼儿进行自主评价。通过作品投票互动的环节，幼儿实现了从初步的自我评价到能简单、客观地进行他评的突破。

（三）多元表征，拓展评价方式

投票区投放的"云点笔"能让幼儿记录下对同伴、对游戏过程的评价，以此丰富幼儿的评价语言和方法，获得游戏评价带来的快乐和自信。

实录2：

孩子们在看投票结果，教师问媛媛，"你的作品得了几票？"媛媛说："只有三张贴纸。""我得了八张贴纸，比你多。"一旁的阳阳说道。教师问阳阳："为什么大家都选你的作品呢？"阳阳说："因为我用了线描画的方法来装饰我的花瓶，有长城线、折线，而且我的花瓶是对称的！"媛媛被吸引过来，教师问道："媛媛，你们的花瓶有什么不同呢？"媛媛说："他的花瓶大，上面有很多不同的花纹和线条。"一旁的阳阳数着媛媛花瓶上的积木数量，说："媛媛的花瓶是歪的，不对称，左边是13粒，右边是11粒。"

幼儿行为分析：

媛媛表现出对投票结果的关注，能关注到他人对自己的评价，阳阳则能分析并解释自己的作品受欢迎的原因，体现了深度学习中的自我反思和批判性思维。

教师支持策略：

（一）发现比较异同，促进客观评价

教师及时发现并捕捉问题，引导幼儿通过比较来发现、解决问题。幼儿评价的语言和内容变得更丰富，评价也更客观了。

（二）融合多元经验，助推综合评价

教师有意识地引导幼儿结合点、线、面等美术方面的经验，以及数量、对称等科

学领域的认知经验等多元经验进行评价,为促进幼儿的综合评价提供支持。

(三)关注一对一倾听,接纳个性评价

教师耐心倾听,并针对幼儿的评价内容进行梳理和提升,抛出问题引发幼儿的思考,让他们的评价落实得更显性化,以了解每一个幼儿的需求和对他人行为的评价,接纳幼儿个性化的想法和评价。

实录 3:

教师把几位小朋友调整前后的花瓶留下照片并进行展示。"大家看看,这几个花瓶改造后有什么变化? 你们觉得怎么样?"只见媛媛第一个举手,自信满满地说:"我的花瓶原来很小还不对称,我觉得百变积木搭出的线描图案很好看,但是有的太难了,我搭建了点点和斜线,还用材料库里的黏土来装饰我的花瓶。""你太厉害了,你怎么想到这个方法的?"教师问道。媛媛开心地说:"云点笔让我听到了其他小朋友的很多方法。"

幼儿行为分析:

媛媛在游戏中能够自我反思,认识到自己作品的不足,并通过尝试新的材料和技术来改进。她还能够从同伴的作品中获得灵感,说明她具有良好的观察力和学习能力。此外,媛媛能够自信地表达自己的想法,表明她在沟通互动方面也有进步。

教师支持策略:

(一)信息技术加持,获得自信表现

"云点笔"等现代化信息设备的投入,能为部分内向的幼儿拓展评价的方式,也能助力幼儿的多元表现,让幼儿获得自信,使他们的情感体验得到充分发展。

(二)结合一日环节,提供评价机会

教师还可以在运动、学习、游戏等一日生活的各环节中给予幼儿更多自评和他评的机会,激发幼儿的评价意识,引导幼儿主动、客观地进行独立评价。

六、针对"信息收集"深度学习发展指标的观察与支持策略应用案例

主题式结构游戏"常见的工具"

实录 1:

教师:这些工具中维修工具有几样?

幼儿数着信息墙上的图片,有的说5,有的说6……

教师：为什么数出来的结果不一样？

欢欢：图片太多太乱啦,找都找不到。

教师：有什么办法能让我们看明白、数清楚吗？

嘟嘟：给它们分一分,一样的工具放一起。

教师：哪些可以放一起？

有的说根据材质,有的说根据使用场景,还有的说……

师幼共同将图片上的工具分为维修工具、种植工具、管类工具及其他。

幼儿行为分析：

幼儿能积极参与信息收集,且收集的信息较为丰富,但他们缺少信息分类的意识与方法,因此图片摆放得较为随意,信息呈现得杂乱,当需要用到相应的信息时,提取较困难。

教师支持策略：

(一) 创设环境,激发信息意识

教师将收集的信息作为环境的一部分,激发幼儿在与环境的互动中,潜移默化地感受信息与认知经验之间的关系,为主题的深入开展提供必要的经验准备。

(二) 整合资源,信息呈现有序

教师有意识地引导幼儿根据工具的不同种类进行分类,将原有信息进行归纳整理,让幼儿可以快速定位,减少搜索时间,提高学习效率。

实录2：

最近,幼儿对浇水这件事乐此不疲,自然角中唯一一个洒水壶成了香饽饽。嘟嘟、小可和欢欢为了能方便浇水,准备自制浇水工具。就这样,"制作浇水工具组"成立了。

欢欢：我们去信息墙上找一找浇水工具有哪些。

小可：只有勺子和水桶！

教师：除了这两样,你们在生活中还见过什么样的浇水工具呢？

嘟嘟：我在老家的时候看到奶奶是用长长的管子浇水的。

欢欢：我上次在公园玩的时候,看到花园里有一个装置,可以自动喷水,水的方向还能旋转。

教师：把你们见过的这些浇水工具画下来,补充到信息墙上和大家一起分享吧。

幼儿行为分析：

幼儿从已有生活经验及兴趣出发，组建"制作浇水工具组"。当幼儿在查找信息时，他们发现关于浇水工具的信息较少，于是通过回忆，将原有信息进行拓展，从而对各种浇水工具有了更丰富的了解，并通过表征的形式将新信息在集体中继续传递。

教师支持策略：

（一）唤醒记忆，调动先前信息

教师通过提问"在生活中见过哪些浇水工具"，唤醒幼儿的长时记忆，帮助幼儿在实践中提取有用的信息，并运用于接下来的游戏中。

（二）搭建支架，拓展关联信息

教师通过图片展示、语言分享、绘画表征等多种途径，为幼儿搭建同伴、师幼互动的平台，在与不同主体的互动中，将更多的信息在集体中进行传递。

实录 3：

嘟嘟：欢欢，你画的这个自动喷水器我看不懂。

欢欢：我有点记不清了，我们可以去问问老师。

教师：我在网上找到了自动喷淋器的图片，你们可以看看！

设计图画完后，三人分工合作，很快就搭好了喷淋器。他们来到小菜园，将自动喷淋器架在黄瓜架上，用软管连接上自动喷淋器的一头，水滋滋地从管子里流了出来。

教师将整个过程拍摄下来，打印成图片，和设计图一起展示于信息墙。同伴的成功激发了更多幼儿的加入，越来越多的浇水器诞生了。

幼儿行为分析：

幼儿根据收集到的信息，选择合适的结构材料，把搭建好的作品运用到真实的情境——小菜园中，将信息从意识形态转化为具体表现。

教师支持策略：

（一）观察跟进，拓展相关经验

幼儿的年龄特征使其认知能力有限，经常会遇到各种问题。教师要及时关注幼儿的需求，通过多种途径提供支持，如持续关注整个过程，将信息收集、分类、拓展、运用的完整过程呈现于信息墙，展示幼儿由浅入深的学习过程。

（二）提供材料，有效运用信息

幼儿根据收集的信息，选择适宜的材料和方法，最终将结构材料以工具的形式进行呈现，将原有的想法转变为可见的实物，体现了对信息的有效运用。因此，教师要为幼儿提供材料，满足他们的需求。

七、针对"经验迁移"深度学习发展指标的观察与支持策略应用案例

主题式结构游戏"我心中的城堡"

实录1：

户外建构活动开始了。只见形形再次拿出了自己的设计图，先用积木搭建了城堡的基石，然后逐步向上搭建。在搭中间的第一层阳台时，整个城堡突然完全倒塌了。

教师：形形，怎么回事呀，怎么城堡倒了呀？

形形：我也不知道，我就是照着设计图来造阳台的。

教师：那你再好好回忆一下，刚才在搭建的时候是不是哪一步出现了问题。

形形：噢，我想到了。老师你帮我一下，你放那边，我放这边，我倒数"三、二、一"，我们一起放就可以啦。

第一次尝试还是失败了。

形形：老师，你往里面放一点，要和我这个距离一样，不然就不能保持平衡了。

就这样，师幼重复了几次尝试，在形形的指挥下，阳台终于搭建成功了。

幼儿行为分析：

在活动中，我们可以发现形形通过绘制城堡设计图，将生活中的所见所闻进行迁移再创造，体现了她丰富的主题经验。在搭建城堡的过程中，形形能够熟练运用已掌握的对称、平衡等简单搭建技能。当搭建阳台碰到问题时，她不断地思考、尝试和修正，这个过程体现了她能够理解和应用所学的知识，并能够将所学知识迁移到新的情境中，解决实际问题。

教师支持策略：

（一）给予创造空间，触发经验回忆

在游戏过程中，幼儿经常会遇到困难或失败，教师可以通过给予足够的时间、空间，使幼儿聚焦某个具体的内容和细节，并回忆游戏的过程，从而调整自己的行为、材料或建构方法来提高、完善游戏。

（二）注重分享交流，引发思维碰撞

教师可以通过作品分享交流活动，引发幼儿的观察、思考、比较和质疑，不仅有助于孩子们在交流中引发思维碰撞，更有助于他们理解不同的观点。同时，教师可

以有意识地引导幼儿观察和比较不同的作品,从中获取新的知识和经验,并将这些经验应用到自己的作品中。

实录2:

彤彤(拿着自己的设计图比画着):老师,我这次搭的城堡可厉害了。

教师:咦? 这次的阳台怎么又变成斜的了? 你确定可以成功吗?

彤彤:上次搭的阳台倒了我很伤心,但后来我看到羿羿他们搭的旋转楼梯,就想出了一个新的方法,所以想试试看旋转阳台。

她先用积木围成半圆摆放一层,形成一个稳定的支撑。接着,在搭第二层时将一块积木向一边挪一点点,再盖上一层。就这样,重复搭了三层,使阳台呈现出半圆形的斜坡状。最后,再用毛球进行装饰。搭建成功后,彤彤兴奋地展示给大家看。

幼儿行为分析:

在这次的搭建过程中,彤彤总结了其他同伴搭建旋转楼梯的经验,对搭建方法进行了改进,说明幼儿能够将已有经验与自己的作品建立链接。同时,彤彤通过观察、思考、尝试,认为倾斜的阳台可以通过层层缩小间距的方式来表现,找到了使阳台更稳固的搭建方法。有目的且准确的取放过程,表明彤彤能运用自己的数学经验来解决问题,使得城堡更具创意和独特性。

教师支持策略:

(一)引导反思与总结,复盘转化经验

教师在搭建活动结束后,引导幼儿反思、总结自己的搭建过程,转化成经验,并汲取他人的成功经验。

(二)促进合作与交流,激发创新思路

教师鼓励幼儿与同伴分享搭建心得,相互学习,取长补短,提高搭建技巧和创新能力。继而通过观看现实中的城堡图片或相关视频,激发幼儿的创作新思路。

实录3:

随着城堡主题的不断深入,孩子们乐于探索搭建各种造型的城堡,彤彤和小伙伴决定挑战将城堡改造成比萨斜塔式的倾斜造型。她们一直挑战失败,便来寻求教师的帮助。教师找来了比萨斜塔的图片,并用提问的方式引发幼儿的"头脑风暴":"你们先看看比萨斜塔像什么?"彤彤说:"斜塔一层层的,像奶油大蛋糕。"天天说:"就像黄鹤楼一样有好多层。"教师又问道:"那你们觉得这种倾斜的样子像什么?"乐乐说:"斜斜的像楼梯一样。"彤彤说:"我觉得像龙卷风。"

幼儿行为分析：

通过教师的提问，孩子们不断得到启发，经验得到迁移，建构能力得到了进一步提升，在与同伴的合作过程中不断进行反思，并结合已有的经验，寻找解决方案，最终与同伴共同完成了城堡的改造。

教师支持策略：

（一）巧设有效提问，激发联想风暴

教师借助图片，用提问的方式引导幼儿直观地发现比萨斜塔的构造，用"像什么"来激发幼儿不断思考斜塔的形状和特征，发现实际建筑和搭建建筑的不同。

（二）提供多样信息，丰富多种经验

教师通过散步、集体教学、亲子活动等让幼儿感受和欣赏不同风格建筑的魅力，在建构过程中充分吸收多元文化，激发创作灵感。在活动中，教师可以适时介入，提供必要的指导和帮助，引导幼儿在合作中互相学习、互相支持。

八、针对"反思批判"深度学习发展指标的观察与支持策略应用案例

主题式结构游戏"有趣的轮子"

实录1：

幼儿搭建的轮子有的是彩色的，有的是纯色的，唯独小亦用白色和粉色间隔搭建。他在完成后独自玩了起来，教师创设了展示架并组织投票。

教师：你们的轮子长得一样吗？为什么喜欢这个轮子？

一一：我的彩色轮子最漂亮，像彩虹一样。

小亦：你的轮子乱乱的，一点也不漂亮，我的轮子是有规律的，我的才好看！

安安：我喜欢这个绿色的轮子，因为我最喜欢绿色。

教师：每个人对漂亮的轮子有不同的看法，只要能说出自己的理由就行。

幼儿行为分析：

在游戏初期，幼儿始终将焦点落在自己的作品上，没有关注到同伴搭建的其他轮子。通过展示和投票活动，幼儿将关注点转移到了同伴的作品上，以此触发了反思批判行为。我们发现在互动中，小班幼儿的自我意识开始形成，有了自己的想法，同时也渴望得到别人的认可，但难以接纳别人的观点。

教师支持策略：

（一）转移焦点，引发互动

反思批判行为必然是在互动中产生的，教师通过创设轮子展示架和发布投票任务，转移幼儿的关注点，从而引发幼儿与教师、同伴、作品和环境的多角度互动。

（二）比较异同，思维碰撞

教师通过提问引发幼儿讨论，让他们针对不同作品进行观察、分析、思考和辨析，从而发现其中的异同，在思维碰撞中进行反思和批判。

实录 2：

小亦喜欢将轮子一层一层向外延伸，轮子越搭越大。

教师：这个轮子圆不圆？

一一：不圆，这里长，这里短。

教师：怎么改？

安安：可以数一数。

教师：有什么方法知道轮子到底圆不圆？

小亦：找个圆圆的东西比一比。

一一：看看能不能滚起来。

教师：那下次用这些好办法试一试吧！

幼儿行为分析：

轮子越搭越大，问题随之产生。幼儿在教师一连串的提问中相互质疑，发现问题和思考问题。在此过程中，幼儿愿意听取同伴的想法和建议，并反思调整，同时还能联系生活经验，找出验证的方法，使思维得到拓展。

教师支持策略：

（一）连续追问，产生思辨

教师利用"圆不圆？""怎么改？""有什么方法？"等一系列问题串，引导幼儿对具体问题进行思考和分析，从多角度、多层面进行剖析和判断。

（二）触发回忆，唤醒经验

教师引导幼儿回顾以往的感知体验和知识经验，通过唤起已有经验，更好地为自己的观点提供事实依据。

实录 3：

小亦将轮子在斜坡上滚了滚，发现轮子是滑下去的。教师问："怎样的轮子更容易滚起来？"小亦将两个轮子组合成滚筒式轮子，轮子滚得飞快。小亦对一一说：

"你这个薄薄的轮子肯定滚不起来。"在分享交流环节,大家对"薄薄的轮子能否滚起来"争论不休,教师请两人同时拿着轮子试一试。通过实验发现:只要对准斜坡并保持直立,薄薄的轮子也能滚起来。

幼儿行为分析:

幼儿在实验过程中进行自我反思,将轮子从单层调整为双层,使轮子造型发生了改变,体现了创造性思维。在互动式的"滚轮子"情境中,幼儿的互动明显增加,相互质疑,提出观点,触发了一系列反思批判行为。

教师支持策略:

(一)创设情境,满足需求

教师创设"斜坡"情境,支持幼儿"滚轮子"的验证需求,互动式的情境模式激发了幼儿更多的反思批判行为。

(二)启发思路,创新思维

教师通过提问让幼儿发现问题所在,作品之间的组合呈现出新的轮子造型,激发了幼儿的创新思维。

(三)放手验证,反思调整

教师给予幼儿充分的时间和空间,让他们通过亲自操作和实验,来验证"轮子能不能滚起来"。幼儿在实验中不断反思和调整,将其内化为自身的经验。

实录4:

一一和小亦选择了点点积木。一一将四个三角形积木进行拼接,拼出了方形。小亦指着扇形积木说:"要弯弯的才行。"小亦接插了三个积木,最后一个怎么也插不进去。一一说:"要两个两个拼好再插上去。"搭建完成后,幼儿在教师的带领下拿着轮子来到户外,寻找各种各样的斜坡玩起了滚轮子的游戏,并在游戏过程中继续优化调整轮子。

幼儿行为分析:

新的材料和场地引发了新的思考,幼儿在相互质疑中进行反思,探索新材料的特性和搭建方法。

教师支持策略:

(一)丰富材料,诱发问题

单一的材料很难持续触发幼儿的批判思维。教师应提供不同材料,支持幼儿与多种材料进行互动,从而不断产生问题,引发思考。

(二)破除界限,拓展空间

教师打破室内外界限,使游戏空间相互融合,为幼儿主题式结构游戏活动提供更多讨论、展示和交流的空间。

九、针对"多维整合"深度学习发展指标的观察与支持策略应用案例

主题式结构游戏"酒店"

实录1：

幼儿 A 正和同伴用清水积木搭建酒店，一边动手拿积木，一边探讨如何搭建。

A：先搭地板，再搭墙壁。这样酒店就不会倒啦！

B：圆柱形积木可以竖着当墙，方形积木可以做窗户。

A：这个长方形的可以横着当地板。

他们用不同形状的积木围合起了酒店一层的墙壁，又用一块差不多大小的 KT 板架在墙壁上，很快就建起了五个楼层。

B：老师，我们的酒店建好了！你也来玩吧！

T：哇，好想玩啊，可是酒店的墙壁有镂空，会不会冷呀？

A：只要把这个洞堵上就行了。

T：为什么会有镂空呢？

B：这些积木有高有低的，要改用一样的积木。

于是，孩子们兴奋地开始重建。

幼儿行为分析：

幼儿 A、B 在搭建酒店的过程中将建构经验、数的经验、主题经验、生活经验有机整合，选择不同形状的积木进行组合搭建。可能是因为更关注整体建构的成功，他们忽视了结构的细节，如墙壁镂空的问题。在教师的引导下，幼儿联系先前搭建房子的已有经验，逐渐认识到积木高低不一是导致镂空的原因。

教师支持策略：

（一）回忆感知，调动前期经验

教师巧妙地捕捉到问题，以启发性、发散性、开放性问题引发幼儿思考，整合多维经验和知识，促进其深度学习。在幼儿未能自主发现问题时，教师采用挑战幼儿认知冲突的问题"酒店的墙壁有镂空，会不会冷？"，启发他们积极调动生活经验和主题知识，聚焦问题产生的原因。

(二)激活思维,引导分析原因

当幼儿发现问题后,教师进一步引导其分析问题产生的原因,这个过程需要幼儿在大脑中迅速搜索先前的经验和知识并进行有效整合。在案例中,教师通过聚焦酒店墙壁的镂空问题,引导幼儿找到原因和解决办法并持续探索与调整。在不断调整的过程中,幼儿的多维整合能力不断提升,知识网络不断扩张。

实录2:

幼儿A和其他小朋友继续着他们的酒店搭建。这次,他们遇到了一个新的问题:没有合适的积木来做各种形状的屋顶。

幼儿A说:"我可以用纸板对折成三角形做一个屋顶。"

幼儿B直接拿起一块纸板放在酒店上方,说:"看,这不就可以了吗?"于是,酒店的两幢楼上有了不一样的屋顶。

幼儿A想在屋顶上做一些装饰,但找不到合适的材料。

教师走过去询问:"需要老师帮助吗?"

幼儿A犹豫了一下,说:"上次我跟妈妈去海边玩,看到用稻草做的屋顶,可漂亮了,可是没有材料。"

教师带领孩子们来到木工室寻找材料,幼儿A看到地面上有一些木条卷,拿起来说:"老师,我们可以用这个!"于是,幼儿A在木工室装了很多木条卷并拿到教室,他将这些木条卷粘在硬纸板做的屋顶上。

幼儿B从材料库找来了吸管,把吸管剪成一段段的,粘在用装饰纸板做的另一个屋顶上。顿时,酒店的两个屋顶变得五彩斑斓、各具特色。

幼儿行为分析:

幼儿A展现了创造性思维和问题解决能力,通过回忆和联想,提出使用稻草装饰屋顶的想法,并在教师的帮助下找到了替代材料。幼儿B则表现出了动手能力,通过简单操作为屋顶增添装饰。两名幼儿结合实际经验,通过实际操作和探索,成功解决了问题。

教师支持策略:

(一)扩展材料,满足自主探索

教师通过提供丰富多样的材料,为幼儿提供探索和创造的空间,激发他们对材料进行联想、转化、迁移和整合的能力。不同的材料能带来各种挑战和不同的解决问题的方式,幼儿更是能在与材料互动的过程中,发现问题并寻找解决方案,实现深度学习。

(二)整合资源,融合多元经验

两名幼儿能够将生活中的经验与当前的搭建活动相结合,体现了新旧知识与经验的纵向整合。他们在木工室寻找替代材料,将木条卷和吸管等不同材料用于屋顶装饰,这不仅体现了对材料属性的理解,还融合了艺术和手工制作领域的知识,这种整合不仅涉及横向的多领域知识融合,还涉及纵向的从实践中学习新技能。教师应在此过程中,为幼儿提供支持和引导,促进他们多元整合能力的发展。

实录3:

在建构区,孩子们已经完成了各自的酒店搭建。教师组织幼儿做一做评委,比较他们先后建构的酒店。教师说:"今天请你们当一当小评委,说一说这两个酒店你更喜欢哪一个,以及你的理由。"幼儿A兴奋地说:"我们之前搭的酒店墙壁漏风,后面搭的不漏风而且更高!"B补充道:"后面搭的酒店屋顶用了好多漂亮的装饰!"这时,旁边的幼儿C指着之前搭建的酒店说:"高的容易倒啊。"其他同伴也讨论起来,幼儿D说:"这个酒店(搭的第一个酒店)大一点,比较牢。"教师笑着说:"那么今天我们来比一比吧,看哪个酒店更稳固。"说着,教师拿来了直尺和绳子作为测量工具,幼儿A拿着直尺测量高度,幼儿B用绳子测量宽度。他们发现左边的酒店较高,而右边的酒店较宽。这时,幼儿D指着左边的酒店说:"这个酒店墙壁没有镂空,肯定更稳!"幼儿C指着右边的酒店说:"这个墙壁积木是横着放的,这个牢!"他们的对话引起了一阵讨论。教师提议:"要不你们用旁边剩余的积木去试一试吧。"孩子们开始了尝试。幼儿A和B用三根长条积木竖着摆放后,用手指推了推积木说:"有点晃,但是没倒。"幼儿C和D同样用三根长条积木横着摆放后,用食指推了推积木说:"我们的牢,都不动。"

幼儿行为分析:

幼儿通过做"小评委"的形式,比较两个酒店的优缺点,自主发现问题。教师提供不同的测量工具,有意识地引导幼儿将生活经验与建构经验有机整合,再让幼儿通过实践,用科学思维去比较发现。在这个过程中,幼儿深入理解了影响结构稳固性的关键因素,从而获得了新知识。

教师支持策略:

(一)分析思考,推动思考猜测

教师支持幼儿在游戏中进行经验、知识的重构有助于培养幼儿的问题意识。首先,在游戏结束后,教师鼓励幼儿分享与评价是培养其问题意识的关键一步。通过与同伴分享在游戏中发现的新玩法、新规则和新经验,幼儿有机会提高对问题的敏感度。在分享的过程中，教师可以引导幼儿进行多元、多维的评价，包括自评和他评。这有助于幼儿提高评价与反思能力，从而更好地认识问题并寻找解决方案。其次，通过鼓励幼儿放手验证和调整，有助于培养他们主动解决问题的能力。

（二）放手验证，营造评价氛围

在案例中，教师提供了直尺和绳子等测量工具，引导幼儿测量酒店的高度和宽度。在产生新问题后，教师没有直接给出结论，而是通过提问引导幼儿亲自验证观点。这种放手验证的做法激发了幼儿对新问题的探索欲望，培养了他们的科学思维和通过实践解决问题的主动性。

十、针对"不畏困难"深度学习发展指标的观察与支持策略应用案例

主题式结构游戏"火箭一号"

实录1：

C1：我们一起来设计火箭吧，有了设计图，才能建构我们的火箭。

T：那你知道火箭是由几个部分组成的吗？

C2：我只知道火箭是高高的，有点像个圆柱体。

C1：我知道，好像由四个部分组成。

T（拍拍幼儿的肩）：要不你们试试，先来设计一下？

C2：确实有点难，我有点不会画。

C1：我想要试试，可是我怕设计得不好。

T（竖起大拇指）：你们的设计图一定是最棒的，要相信自己噢！

C1、C2：我们一起来试试吧，相信我们一定可以！

幼儿行为分析：

主题式结构游戏的开展，需要大量与建构主题相关的知识和经验，以此来支持幼儿在游戏中的学习。在案例中我们发现，幼儿对设计火箭充满兴趣，但他们对火箭的外形不够了解，导致出现了有心想要设计却有点胆怯的心理。经过教师的鼓励后，幼儿建立了自信心，能用图画和符号等绘画的形式来表现事物。

教师支持策略：

（一）语言鼓励

鼓励是一种非常重要的力量，它可以激励幼儿克服困难、迎接挑战，实现自己的梦想。在主题式结构游戏的组织与开展过程中，教师发现语言式鼓励策略能有效触发幼儿的学习动机，帮助幼儿树立信心，促使其更加自信、勇敢地直面困难与挑战，调动自身的潜能，从而主动学习。

（二）肢体互动

肢体互动是非语言交流的一种方式。案例中教师摸头、竖起大拇指的动作是师幼间表达情感、增进亲近感、建立信任的互动形式，是促进幼儿不断学习和思考的催化剂。

实录2：

C1：我们先来分工一下，我设计的火箭主要有四个舱段，那我们应该怎么分呢？到底用什么材料呢？

T：那你们觉得怎么分最好呢？问题到底出在哪里呢？

C2：我们原来想用砖块积木搭建，但是看了一下设计图，感觉好像不太合适。

T：哪里不合适呢？那你们觉得用什么结构材料搭建火箭最合适呢？

C1：不能用颜色区分四个舱段，所以我们商量了一下，觉得用雪花片积木搭火箭更为合适。

幼儿行为分析：

在主题式结构游戏中，幼儿需要在已有认知的基础上结合现有建构经验，对新的游戏内容进行整合，从而发现问题、克服困难、解决问题。在该实录中，幼儿在搭建火箭时对选择材料方面有了思考：如何用积木的特征体现火箭的四个舱段？在教师的不断引导下，幼儿经过反复思考，成功化解了选材难题。

教师支持策略：

（一）互动提问式策略

提问是教师了解幼儿现有水平、启迪幼儿思维的主要方法，在游戏中起着不可或缺的作用。教师的有效提问能激发幼儿的兴趣，调动幼儿学习的主动性，引导幼儿深入思考，促进幼儿思维的发展，从而推动问题解决的进度。

（二）启发诱导式策略

教师以关键性问题开启幼儿的思考之路，启发诱导、步步深入，促使幼儿主动探索问题，自己得出结论，实现深度学习。

实录3：

T：设计师们，为什么一个个都愁眉苦脸的？

C1：我们四个人都把自己的舱段搭好了，可发现在安装时，舱段容易损坏。

T：那你们找出原因了吗？为什么会断开呢？

C2：我觉得因为舱体是圆柱体，所以在接插方面存在一定的难度。

C3：我感觉是因为舱体太长，导致不够稳固。

T：那你们之前是怎么安装的呢？

C1：我们是按步骤来安装的。

T：可不可以换一种方式安装呢？（用手比画了一下"1∶1"）

C3：对哦，我试试先安装发动机舱段和推进剂贮箱段。

C4：我来安装控制仪器舱段和有效载荷舱段。

C1：那最后留给我吧！我来将这个火箭一号合体。

C1：火箭舱体完成了，可还有一个长长的火箭头，要不要选择其他的材料代替？

C2：我觉得可以试试用其他材料替代。我来试试齿轮积木中细细的小棒。

C4：我觉得还是用雪花片比较合适，要不我们还是用雪花片积木吧！

C1：还有火箭底座的四个小火箭，我来安装。

C2：那国旗我来画吧！嘻嘻！

就这样，在他们的齐心协力下，火箭一号成功问世。

幼儿行为分析：

游戏过程是幼儿相互学习的双向桥梁。在案例中，教师时而循循善诱，时而静心观察，让游戏真正成为促进幼儿深度学习的重要途径。在游戏过程中，当幼儿面对困难时，面部表情变化明显，教师及时介入，帮助他们调整状态。师幼互动、生生互动更好地激发了幼儿在主题式结构游戏中不畏困难、解决问题的能力，从而促进了幼儿在游戏中的深度学习。

教师支持策略：

（一）讨论式支持

讨论是引导幼儿发现问题和解决问题的有效途径，互动研讨是支持幼儿主动学习的关键。通过你一言我一语的激烈探讨，幼儿的思维不断碰撞，他们在这一过程中不断运用已有经验去观察和比较，探究解决问题的方法，达到了群策群力的效果。

（二）重视情绪变化

在主题式结构游戏中，教师时刻关注幼儿，重视其情绪波动。当幼儿遇到困难迟迟无法解决而产生沮丧、难过等情绪时,教师运用提问等互动方式,调整其不良情绪状态。

十一、针对"积极主动"深度学习发展指标的观察与支持策略应用案例

主题式结构游戏"运动小达人"

实录1:

孩子们想要将纸板进行组合,创设不同的运动场景,但由于场地有限,他们不断发生碰撞。孩子们通过商量,有的将大号纸板围成四个"小山洞"进行钻爬游戏;有的将小号纸板分散在地上,走起了"小路";有的将"山洞"变成了保龄球场地……"哎呀,撞车啦!"祥祥大声喊道。"你从这里走,我从这里走吧!"慧慧提议道。"你们过去一点,小路没地方走啦!"祥祥又喊道。于是,慧慧和其他小伙伴再次做出了调整。

幼儿行为分析:

场地的变化没有影响孩子们的运动欲望,他们借助已有的搭建经验,不仅主动将建构材料搬进了教室,还对运动场地进行了重新调整。当遇到问题时,他们也能主动想办法解决问题。可见,对于新场地、新游戏的出现,孩子们充满了兴趣。

教师支持策略:

(一)情境再现,推动思考

幼儿在游戏活动中大多以自己的意愿为主,导致场地混乱。教师在发现这个问题后,借助多媒体分享游戏中出现的问题,引发幼儿主动思考,进一步激发幼儿对游戏的兴趣。

(二)鼓励幼儿绘制游戏计划书

计划书可能会帮助幼儿解决前次游戏中现场混乱的状况。因此,教师积极鼓励和支持幼儿利用图画的形式制作相应的计划书。

实录2:

接到画设计图的任务后,孩子们自主分成了两组,一个人负责绘制设计图,另外几个小伙伴负责出谋划策。在大家的积极沟通及协商下,两组孩子分别开始设计属于自己的独一无二的游戏。只见他们每人拿了纸和笔,开始了自主创作。不

一会儿，内容不一、形式多样的设计图就出炉了。有的把上一次的游戏画面呈现了出来，有的不仅将游戏时材料如何摆放记录了下来，还配上了相关的符号，也有的设计了新的游戏，如滑滑梯等。

幼儿行为分析：

孩子们的热情进一步高涨，在他们的共同努力下，两组设计图顺利完成。在设计的过程中，孩子们不仅主动和同伴协商，也共同讨论设计图可以如何绘制。

教师支持策略：

鼓励幼儿在下次运动中按照设计图安排场地和材料

在上次设计中，孩子们虽然按照自己的想法完成了设计图，但是设计图到底合不合适？在现场的运动中，是否还会出现新的问题？这些问题需要幼儿自己去尝试与验证。

实录3：

在设计的游戏中，孩子们虽然尝试按照自己设计图中的场景进行搭建，但混乱的状况依旧没有得到改善。于是，他们利用分享环节，对自己的设计图进行了讲解。同时，其他伙伴也对这两份设计图提出了自己的想法。

	好在哪里	如何改进	照片
设计1	"有滑滑梯、山洞、打球进洞，有很多玩法。" "有箭头，还有玩法，看上去很清楚。"	"画出材料放在哪里。"	
设计2	"分了三排，很快就能把材料放好。"	"把玩法画出来。"	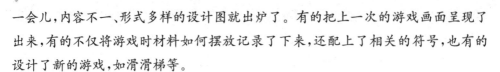

幼儿行为分析：

在分享环节中，两组代表分别描述了团队的设计结果。同时，其他伙伴在对比了两份设计图之后，从"好在哪里"和"如何改进"两个方面积极表达了自己的观点，

提出了自己的建议。小设计师们在倾听了同伴的建议后,能够积极反思自己的设计。可见,每个孩子都围绕一个目标专注于自己的设计中。

教师支持策略:

(一)头脑风暴,积极思考

两份设计图不同的呈现方式是引发孩子积极讨论的好时机。在讨论中,孩子们能够通过观察、对比、思考、讨论的方式充分表达自己的观点,也能在与同伴的积极交流中反思自己的不足,体现了幼儿在游戏中的积极主动性。

(二)多媒体技术,积极探究

在分享环节中,教师利用白板的投影功能,将两份设计图清楚地呈现在孩子们面前,使他们能更好地进行观察、对比和发现,从而实现思维的碰撞。

十二、针对"协商与合作"深度学习发展指标的观察与支持策略应用案例

主题式结构游戏"龙舟"

实录 1:

小宇来到建构区开始搭建,一旁的丁丁问道:"小宇,你在搭什么?""我要搭龙舟。"说完,小宇便自顾自搭建起来。丁丁听了若有所思,不一会儿,他也开始搜集积木进行搭建。教师问道:"丁丁,今天你想搭什么?""我也要搭龙舟,可是我不知道龙舟长什么样!"游戏时间到了,两人的作品都没完成。小宇把自己的半成品放到半成品区,而丁丁则把自己的作品拆了,准备下次重新搭建。

幼儿行为分析:

丁丁在讨论的过程中有了复刻龙舟的想法,但是在搭建过程中始终独立搭建,协商与合作的行为较少。大部分幼儿能围绕个人喜好独自建构,但往往会出现搭建时间不够、作品造型简单、搭建半途而废等情况,这对幼儿在主题式结构游戏中的深度学习构成了障碍。

教师支持策略:

(一)抛出问题,引发合作

教师针对游戏中出现的情况,在游戏后创设问题情境:"作品为什么没完成?""有什么办法能让作品搭得又快又好?"以此引发幼儿讨论,触发合作倾向。

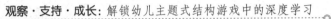

（二）扩展经验，激发兴趣

教师在游戏过程中关注幼儿的兴趣，帮助其积累相关主题经验并及时满足其当下的需求。如组织观看"赛龙舟"视频，使幼儿对龙舟外形有了更全面的了解，同时也拓展了主题经验。此外，教师还设置纸笔区，通过让幼儿独立或与同伴共同设计图纸，激发创作欲望。

实录2：

小宇和丁丁在合作中进行了初步分工，小宇搭建龙舟的底部和船身，丁丁搭建栏杆和座位。完成后，两人将龙舟搬到展示区，伙伴们纷纷围拢并讨论起来："这艘龙舟好漂亮啊！""好长的龙舟啊！"不绝的赞美声让两人露出了开心的笑容。随着围观的小伙伴越来越多，出现了不一样的声音："好像和视频里的龙舟不一样，少了点什么？""他们还没搭完吧？"质疑声让小宇和丁丁面露难色，他们似乎也认同大家的说法，但又不知如何回答。教师看到了这一幕，便问道："谁还记得视频里的龙舟长什么样？"幼儿开始回忆："前面有一个龙头，很神气！""我记得是金黄色的！龙头是大大的！"小宇和丁丁听完后似乎有了主意。小宇对丁丁说："我们再来搭一个龙头吧！"丁丁说："好！我去拿积木。"龙舟的改建工程又火热开工了！

幼儿行为分析：

龙舟的搭建完成了，但又似乎没完成。当同伴中出现了质疑声时，两人陷入了困境。教师及时介入，通过提问的方式激活了幼儿的思维。他们通过思考和讨论，集思广益，汇总了有关龙头的信息，为龙舟的改造提供了更加全面丰富的信息。

教师支持策略：

（一）提问支持，引发思考

在游戏前，教师激发幼儿参与的兴趣；在游戏时，教师随时观察，了解幼儿的游戏情况和需求，选择合适的时机、合适的角色介入；当出现问题时，教师给予启发和建议，鼓励幼儿独立或与同伴共同解决问题，推动后续游戏的开展。

（二）分享交流，共享经验

教师组织幼儿分享合作经验，将成功经验传授给其他幼儿，为后续的合作助力。在游戏前，教师引导幼儿与同伴协商，制订计划，进行人员分工，共同建构一个复杂的作品。

实录3：

小宇和丁丁经过几次调整，又给龙舟加上了尾巴，龙舟终于完工了！神气的龙舟吸引了小伙伴们前来参观。"好漂亮啊！""我也想搭一条龙舟！""那我们也去画龙舟吧!"不一会儿,纸笔区就坐了四五个幼儿,有的在独自创作,有的两两一组,正商量着龙舟的细节和颜色搭配,聊得不亦乐乎。教师将设计图展示在表征墙上,龙舟设计展开始了! 有单人龙舟,有狭长形的龙舟,还有别出心裁的"鲜花龙舟""粽子龙舟",真是精彩极了! 孩子们聚在一起欣赏着大家的创意龙舟。后续可见各个区域都有三三两两的"龙舟小组"共同创作着。

幼儿行为分析:

小宇和丁丁经过几次合作,经验越来越丰富,两人的合作也给其他幼儿带来了灵感与启迪,纷纷设计出造型各异的龙舟图,并尝试共同利用结构材料进行创作。当教师发现龙舟设计图越来越多时,将设计图统一呈现在表征墙上,便于幼儿观察、比较,同时组织幼儿开展讨论:"你的设计图和别人的哪里不一样?""你最喜欢哪一艘龙舟?"幼儿各抒己见,积累了经验,为后续的创作奠定了基础。

教师支持策略:

(一)打破界限,拓展空间

随着合作行为越来越多,幼儿从两人合作发展为多人合作,作品也越来越大,狭小的室内空间已经不能满足幼儿的搭建需求。教师尝试将空间从室内拓展到户外,为幼儿的合作提供环境支持。

(二)互助启发,推动合作

教师组织幼儿开展自评和互评,复盘并分享在游戏中开展同伴合作的好方法。通过梳理,帮助幼儿积累合作经验,推动游戏的开展。幼儿在同伴的启发下,相互沟通协商,学会了与同伴交流以解决遇到的问题,提高了游戏中的合作能力。

第七章 评价中成长：基于观察的幼儿主题式结构游戏中深度学习的过程性评价

鉴于评价体系构建的高专业性要求，以及我园在课题研究中缺乏相关经验，面临重大困难和挑战，我们将结果导向型评价转变为过程性评价。过程性评价将更加关注幼儿在主题式结构游戏中的互动、探索、思考及问题解决能力，以及他们如何通过游戏促进深度学习行为的发生和发展。我们坚信，这种评价方式能更精确、全面地捕捉幼儿在主题式结构游戏中的深度学习行为和变化，从而为幼儿提供更精准的支持和指导。

第一节 由谁评价：从"重结果"到"重过程"的多元评价主体

《幼儿园教育指导纲要（试行）》（以下简称《纲要》）明确指出："管理人员、教师、幼儿及其家长都是幼儿园教育评价工作的参与者。评价过程是各方共同参与、相互支持与合作的过程。"因此，我们重新审视了评价主体的角色与功能。在传统的评价模式中，通常过分强调教师作为单一评价主体的地位，而忽略了幼儿作为评价参与者的主动性和积极性。而在幼儿主题式结构游戏的深度学习评价中，我们提倡的是一种多元互动的评价模式。这就要求评价不应只是教师单方面的责任，而是需要教师、幼儿及其同伴共同参与，形成一个动态、合作的评价共同体。在这个共同体中，每个成员都能发挥自己的独特作用，共同推动幼儿深度学习的发展。

因此，我们的评价方式实现了从"重结果"向"重过程"的转变，评价主体的构成主要包括熟悉幼儿的班级教师、幼儿本人及其同伴等。

一、教师

在主题式结构游戏的开展过程中,教师始终陪伴着幼儿,对他们最为熟悉。因此,班级教师就是整个课题研究中首要的评价者,发挥着其特有的优势和作用。

首先,教师是评价的核心。教师必须不断提升自身的专业能力来承担最重要的评价者的角色。因此,教师在课题研究中要做到大量地观察与记录、学习与解读。如根据幼儿所处年龄段,学习《上海市幼儿园办园质量评价指南》中对应的幼儿学习行为表现,及时了解并内化我园课题组梳理的"主题式结构游戏中幼儿深度学习行为检核表",对照自身积累的大量幼儿游戏照片、视频、观察记录等评价证据,较为客观、真实、科学地做出评价,从而提供有效的、因人而异的支持。

其次,教师是评价的计划者和组织者。教师要根据班级开展的主题式结构游戏内容、幼儿深度学习行为表现等,根据"主题式结构游戏中幼儿深度学习行为检核表",有目的地、合理有序地开展相关评价工作。如选择具有代表性的评价对象、确定评价幼儿深度学习的哪个或哪几个关键指标、班级两位教师的具体分工和职责等,确保对幼儿的深度学习状况做出真实、准确的判断并反思相应支持策略的有效性。

二、幼儿

遵循《纲要》所倡导的多元评价主体理念,幼儿不应仅是被动的评价对象,而应积极参与到评价过程中,从传统的评价接受者逐步转变为评价的参与者和自我评价者。因此,幼儿作为多元评价体系中的重要一环,其对自身发展的评价活动对他们的成长具有极其重要的意义。

教师应鼓励幼儿对自己或同伴在主题式结构游戏中的深度学习行为进行自我评价和相互评价。通过游戏后的分享环节、游戏过程中的对话交流及游戏记录本的互动,为幼儿提供丰富多样的自我评价和相互评价的机会。

在开展"各种各样的桥"主题活动时,幼儿们依据自己对桥梁的理解,进行了初步的搭建尝试。在搭建活动结束后,他们通过绘画或叙述等方式,分享了自己在游戏中的学习经历和感受。例如"我发现我的雪花片连接得不够紧密,一提起就散架了""我搭建的桥梁似乎不够稳固，我需要找到方法让它更加牢固"。这类自我反思不仅促使幼儿进行即时的自我审视和思考，还让他们持续提升解决问题的能力，从而加深了他们的学习体验。

此外，教师可以运用信息技术手段，例如录音、录像等，记录幼儿在搭建过程中的表现。在组织分享环节，这些记录可以引导幼儿进行自我分析和评价。同时，在自我评价的基础上，教师可以鼓励幼儿进行同伴评价，比如设计一些简单的投票或评价表格，让幼儿根据自己的观察和体验，对同伴的作品进行标记或评分。又如教师可以为"各种各样的桥"设定"创意性""稳定性""美观度"等评价标准，让幼儿根据每个标准给出自己的评价。通过这种方式，幼儿不仅能够更加客观地评价自己和同伴的成果，还能学会如何用语言清晰地表达自己的观点和理由。

通过将幼儿的自我评价与相互评价相结合，主题式结构游戏中的过程性评价变得更加全面和有效。在这一过程中，幼儿能够见证自己的成长与进步。通过参与评价，能激发幼儿向榜样学习的动力，进而更有效地促进其深度学习的发生和发展。

综上所述，在主题式结构游戏中对幼儿深度学习的评价，应倡导多元主体之间的相互协作，形成一个有机组合的评价共同体。要结合各评价主体的优势、视角和特点，让每个主体在评价活动中发挥其独特作用。应将教师评价、幼儿的自我评价和相互评价结合起来，共同发挥多重评价主体的不同功能。

第二节 如何评价：多元评价方法综合运用中对"四性"的考量

在主题式结构游戏的实施过程中，为促进幼儿深度学习的发展，必须综合运用多种评价方法。在实践研究中，我们借助自然观察法、行为检核法、时间取样法和事件取样法，精确记录幼儿在主题式结构游戏中表现出的深度学习行为，并以此为依据，进行全面且多元化的评价。

为了实现真正的客观评价，教师需要结合"幼儿主题式结构游戏中深度学习行为检核表"中的关键发展指标，选择恰当的评价信息作为评价的依据。因此，在综合运用多元评价方法时，要注意以下"四性"的考量。

一、评价的"自然性"

在评价过程中,我们重视评价的自然性,意味着评价活动应与幼儿的日常主题式结构游戏活动相结合,应关注幼儿在游戏中的自然反应和行为表现,以避免对幼儿的自然行为产生干扰。评价方式应多样化,包括直接观察和与幼儿对话交流,以全面了解幼儿的游戏表现。

以中班幼儿"专注投入"这一关键发展指标的评价案例——"马路"为例,教师选择幼儿日常生活中熟悉的马路作为主题式结构游戏的背景,对琪琪在搭建小汽车时的"专注投入"状态,包括专注投入和抗干扰的时长进行了三次连续且深入的观察和详细记录。随后,基于真实的观察数据,对琪琪的行为特征进行了深入分析,提出并实施了一系列精准的支持策略。

再如案例"运动小达人",教师从幼儿的日常活动中精心挑选观察焦点,以"游戏现场"为背景,采用叙述性手法,将活动巧妙地划分为"凌乱的游戏现场""设计图纸"及"分享游戏设计图"三大环节。这一连贯的策略不仅突出了幼儿作为活动主体的核心地位,还细致捕捉了他们在游戏中真实而自然的状态,进而紧密围绕幼儿"积极主动"的关键发展指标进行深入分析,为后续评价提供了真实可靠的依据。

此外,评价的自然性还体现在评估时机的选择上。教师应捕捉幼儿在游戏中的自发表现,而不是预设他们在情境中的行为。例如当幼儿在游戏中遇到难题并自发地进行探索和解决时,教师应及时捕捉这一过程,观察幼儿解决问题的策略、思维方式及情绪变化,这些都是评价幼儿深度学习的重要依据。通过这样的评价方式,教师不仅能够获得幼儿真实的学习状态,还能在此基础上提供更为恰当的支持和指导,促进幼儿深度学习的发展。同时,评价的自然性也要求教师在评价过程中保持敏感和耐心,给予幼儿充分的时间和空间去展现自己的学习过程和成果,避免为评价而打断或干扰幼儿的学习节奏。

二、评价的"连续性"

在评价的连续性方面,我们强调对幼儿行为的长期观察,并将自然观察法与事件取样法相结合进行记录。通过连续记录个别幼儿的多个事件或故事,捕捉幼儿在一段时间内深度学习的连续发展过程。

如在针对"问题解决""勤于反思"等关键发展指标的评价中，教师无法通过一次观察就收集到完整的信息，需要依托事件取样法中对幼儿基本信息、游戏背景、观察记录、幼儿行为分析及教师支持策略的连续记录，完整地获得幼儿的真实表现行为，从而更准确地识别幼儿的学习需求，为其提供适时且适宜的支持。同时，连续性评价还有助于教师构建幼儿个体成长档案，记录幼儿在不同阶段的学习进步和挑战，为家长和幼儿提供可视化的成长轨迹。

深度学习是一个持续的过程，因此评价也应该是连续的。教师应定期记录幼儿在主题式结构游戏中的深度学习行为，观察其行为的变化和发展趋势，以便更全面地了解幼儿的学习状况。同时，连续的评价也有助于教师及时发现幼儿在学习中遇到的困难和问题，从而提供有针对性的支持和引导。

三、评价的"精准性"

在综合运用多元评价方法时，教师需要确保评价的精准性。这要求教师对评价工具和方法有深入的了解与掌握，能够准确选择恰当的评价信息作为评价的依据。同时，教师还需要具备敏锐的观察力和判断力，能够准确识别幼儿在主题式结构游戏中表现出的深度学习行为，并给予恰当的评价。

自然观察法、事件取样法作为质性评价，其在分析评价中难免带有使用者的主观色彩。而时间取样法则是量化的评价形式，能够在某一游戏时间段内对幼儿的某些行为或能力进行数值化评估。所以，在评价的精准性方面，我们主张以质性评价为主，量化评价为辅，以确保评价结果的深度和准确性。

例如在评价幼儿"倾听与交流"的关键发展指标时，教师运用自然观察法结合时间取样法的形式，将该指标中幼儿的倾听与交流行为进行分类，继而通过记录该幼儿在某一游戏时间段内的行为表现，发现其倾听与交流次数仅有 5 次，其中倾听不交流 1 次、倾听被动回应 2 次、其他交流 2 次。此类量化数据可以为质性评价提供补充信息，帮助教师更全面地了解幼儿的发展水平。

四、评价的"真实性"

为了确保评价的真实性，教师需要采取一系列措施来增强评价的客观性和可靠性。首先，教师应选择恰当的评价工具和方法，这些工具和方法应经过科学验证,能够真实反映幼儿的学习进展。其次,在评价过程中,教师应尽可能避免主观臆断和偏见,以客观的态度记录和分析幼儿的学习行为。此外,教师还可以邀请其他教师或专业人士参与评价,通过多角度的观察和评估,提高评价的准确性和可靠性。

例如小班教师首先采用行为检核法,将与幼儿深度学习相关的行为项目列成清单,通过一段时间的自然观察,发现小班幼儿的深度学习更多倾向于情感维度。基于这一发现,小班教师将"好奇与兴趣"作为主要观察指标,记录幼儿在活动中表现出的热情与好奇心,以及对幼儿深度学习有价值和意义的典型语言、行为、时间和情境,从而更加客观公正地分析和评估幼儿的深度学习表现水平。

对于大班幼儿在"沟通互动""批判质疑"等方面的行为表现,教师可以通过照片、视频等方式记录幼儿在游戏中的自然反应和行为表现。然后通过组织小组或集体分享的方式,收集幼儿对作品的想法或自身与同伴的表现,作为评估其发展水平的依据,从而做出更真实客观的评价。

总之,评价的真实性是确保评价活动有效性和价值性的重要前提。在幼儿的深度学习过程中,教师应注重评价的客观性和可靠性,及时调整教学策略和方法,以促进幼儿深度学习的不断发展。

综上所述,我们可以通过综合运用多元评价方法,尽量做到分析评价的科学性和客观性,并且以此推动教师在开展主题式结构游戏中支持幼儿深度学习的进步。在主题式结构游戏的实施过程中,我们注重评价的精准性,通过综合运用多元评价方法,确保评价结果的深度和准确性。同时,我们也注重评价的自然性、连续性和真实性,为幼儿提供一个真实、自然、连续的评价环境,以促进其深度学习的发展。

第八章 基于观察支持幼儿主题式结构游戏中深度学习的成效与反思

第一节 基于观察支持幼儿主题式结构游戏中深度学习的成效

历经三年多的实践和研究,课题"基于观察的幼儿主题式结构游戏中深度学习的支持研究"的研究效果较为显著,促进了幼儿和教师的共同发展。

一、幼儿发展

主题式结构游戏打破领域之间的界限,围绕主题有机连接,体现教师预设与幼儿生成相结合,作为一种寓教于乐的教育方式,通过"问题解决""人际互动"和"情感体验"三大方面的有机结合,为幼儿的深度学习提供了有力的支持。

(一)问题解决能力有效提升

主题式结构游戏的开展过程,往往围绕一个中心主题,通过各种情境和问题,引导幼儿主动思考、探索和解决。这种方式不仅激发了幼儿的好奇心,还培养了他们的逻辑思维能力和创造性解决问题的能力。在游戏中,幼儿需要运用已有知识经验,分析问题、提出假设、验证答案,这一系列过程正是深度学习的体现。

主题式结构游戏能有效促进幼儿的问题解决能力。以目标计划为例,我们选取了100个小、中、大班跟踪案例,通过前后测发现,幼儿的目标计划有了显著提升,尤其是"有简单计划,呈现部分细节"的行为类别有明显进步。如在大班主题式结构游戏"轨道奇遇记"中,幼儿在搭建轨道过程中时常会遇到"支架为什么会倒塌?""什么样的轨道更轻？搭建更快？""怎样的轨道能让小球滚得更快？"等问题。这些问题的产生，都源于幼儿自身建构经验、建构技能与问题的冲突。为了顺利解决问题，幼儿历经了三次"讨论—设计—验证—反思—再设计"的循环历程。在讨论过程中，幼儿围绕目标进行思考，回忆已有经验；在设计过程中，幼儿将旧知识与新知识建立关联；在验证过程中，幼儿能对自己的设计作品及实验结果进行观察与对比；在反思过程中，幼儿能从不同的角度分析失败的原因。他们发现问题、推动问题解决、群策群力的过程，正是不断运用已有经验去观察、比较、推理、实践和探究解决问题的过程，也是高级思维不断产生、知识结构不断扩大的过程，更是不断实现知识和技能在游戏与现实生活中双向迁移应用的过程。在整个游戏过程中，幼儿不断尝试错误、不断优化和完善自我设计，其目标计划、反思能力、经验迁移能力、批判性思维等都得到了发展。

（二）人际互动能力显著增强

深度学习需要幼儿具备主动协商合作的精神，而人际互动正是这一精神的重要体现。主题式结构游戏往往需要幼儿之间的合作与互动，这种互动过程让幼儿在尝试和探索新的经验时，积极调动了他们现有的直接经验，他们相互学习、相互启发，提高了倾听与交流、协商与合作等多种能力。

以倾听与交流为例，我们选取了小班幼儿20名、中班幼儿25名、大班幼儿28名，经过前后测发现，幼儿在主题式结构游戏中的倾听与交流有了显著提升，尤其在"倾听并主动交流"这一行为类别方面进步明显。如在中班主题式结构游戏"小小运动员"中，幼儿以小组为单位，围绕运动项目展开讨论，每个人都积极发表看法和建议，从挑选合适的运动场地、设计运动场景、选择适合建构的材料、协商规则，到合作记录表征、搭建游戏主题，形成了一个多元的建构体系。这一系列过程都需要幼儿倾听同伴的想法和意见，沟通表达自己的想法和建议，从中学会如何与他人合作、共同解决问题、协调他人的不同意见，最终达成共识。可见，主题式结构游戏在幼儿的人际互动方面产生了积极的影响，为他们日后的社会生活打下了良好的基础。

（三）积极情感体验得到满足

情感体验是幼儿深度学习的重要组成部分。幼儿在主题式结构游戏中可以体验到成功的喜悦、挫败的失落、合作的快乐等多种情感。这些情感体验不仅丰富了幼儿的学习过程，还有助于培养他们积极主动、专注投入、不畏困难的能力。

以专注投入为例，小、中、大六个实验班的平均得分均有所提高，其中专注投入水平提高幅度更大。我们对两组前测结果进行独立样本 T 检验,得出各年龄段显著性 p＞0.05,说明幼儿在干预前专注投入水平无明显差异。在后测中,幼儿成绩有显著差异(p＜0.05),实验组专注投入水平明显提升。如小班主题式结构游戏"有趣的轮子",我们从幼儿熟悉的轮子入手,根据幼儿生活经验铺展开一张关于不同层级轮子的经验网络——由单个轮子的多维探究(颜色、大小、造型)到多个轮子的组合探究(汽车、轮椅、轮子大改造)。在整个"轮子"主题式结构游戏中,幼儿积极主动探究什么形状的轮子可以滚动起来。他们在教室、操场寻找各种可以滚起来的物品,发现圆形、球形物体可以滚动,便主动在教室中用雪花片搭建圆形物体和球体。这种积极主动性不仅让他们体验到了成就感和满足感,更激发了他们越来越多的学习兴趣和动力。之后在"轮子的安装"过程中,他们遇到了各种挑战和困难,面对这些困难,他们没有放弃,而是通过调整轮子的方向、前后左右的对称关系等方法解决了安装的问题。每当完成一个成功的轮子作品时,他们会感到自豪和满足,增强了自信心和主动性。这种成就感能激励他们继续探索、尝试新的挑战,形成积极向上的心态,并夯实幼儿深度学习的基石。

二、教师发展

课题的研究过程基于教师在主题式结构游戏中观察和支持幼儿深度学习的长期实践与经验积累,积极推进教师向研究型教师转变。

(一) 提升观察能力

本课题的研究凸显的是通过主题式结构游戏这一途径来促进幼儿深度学习的培养,因此,教师在主题式结构游戏中观察幼儿的学习表现尤为重要。在本课题研究中,教师的观察视角和观察手段等不断获得了锻炼和发展。教师基于观察工具"主题式结构游戏中幼儿深度学习行为检核表",开展针对性、跟踪式的观察,捕捉并积累幼儿在认知层面指向问题解决、社会层面指向人际互动、动机层面指向情感体验的三个维度 12 个发展指标在三种水平上的具体行为表现等,形成主题式结构游戏跟踪案例。教师依据检核表对幼儿行为表现的多样观察手段,如在"倾听与交流""专注投入"的深度学习行为发展指标的观察中采用时间取样法,在"问题意识""反思批判"的深度学习行为发展指标的观察中采用事件取样法等,以更充分的数据来呈现观察结果。观察使教师养成有目的、有计划、有方向又能保持持久的知觉行动,看到不同水平表现幼儿的学习差异性、兴趣需要和已有经验,察觉和确认幼儿遇到的问题与困难,做到更细致的解读,从而不断提高观察质量和观察能力。

(二)重构支持行为

依托课题的开展,教师能主动发现情感、提问、环境、经验等支持过程中的问题,积极探索并寻找解决路径,帮助幼儿实现深度学习。教师既要立足儿童观,在主题式结构游戏中支持幼儿自然经历挑战、困难等学习与发展机会,审视自身对幼儿的原有认识,主动发现幼儿成长的力量,如及时关注幼儿的情绪变化和亮点盲点,接纳幼儿的不同游戏需求,给予积极情感互动,将理解和支持每个幼儿的行为真正落地;又要立足课程观,思考建构时间的保障,赋予幼儿一日时间自己做主或各环节碎片时间相叠加的灵动时空,满足幼儿对主题式结构游戏的兴趣;还要立足资源观,发现如何助力每个幼儿建构经验的问题,着力完善幼儿深度学习行为所需的环境创设与资源供给,如改进单一结构材料的使用,有效整合园内运动器材、材料库等各类资源,聚焦幼儿问题的解决,改善有效提问的师幼互动策略,以核心经验触发点来支持幼儿的思维碰撞和经验共享。支持行为的背后是教师从成人视角走向幼儿视角的转变,也是幼儿深度学习与教师引导支持的统一。

(三)加速反思实践

课题研究重在聚焦真问题,教师基于主题式结构游戏中幼儿深度学习行为的研究,形成主动反思意识,凸显专业素养积淀。如针对观察工具"主题式结构游戏中幼儿深度学习行为检核表"的使用,我们历经了三个阶段的实践,逐一反思了什么样的检核表更便于教师观察、教师是否理解各项指标的内容表述、维度"建构行为"的表述如何与深度学习产生关联、不同指标之间的互相联系与交错能否进行整合缩减等问题,共计进行了六次优化调整,将实践中教师在观察方面的问题一一解决,使形成的三个新维度都能与深度学习特质紧密联系,"改""调""合""重组"之下的发展指标更为精准,让反思实现最优演变。如教师提出主题式结构游戏时间不够,建议利用碎片时间保障幼儿的兴趣和持久探索;如教师认为幼儿深度学习的具体行为按三个年龄段去观察,缺乏对个体差异的尊重等。得益于教师在实践中发现问题、反馈问题的主动性和迫切性,我们真正做到了关注和研究幼儿,获得了源源不断的信息和专业领悟,学会了研究自己、研究幼儿与研究教学工作,让问题思考实现共享也更有深度。

147

第二节　基于观察支持幼儿主题式结构
游戏中深度学习的反思

尽管本研究取得了一定的成果，但也存在一些局限性。首先，当前的过程性评价无法科学、系统地评估幼儿深度学习的状况，未形成评价体系：评价方式较为单一，未充分利用作品分析、访谈、幼儿自我反思等多种评价手段；评价主体较为局限，只侧重教师和幼儿两个方面，影响了评价的公正性和客观性。其次，教师对幼儿情感支持的运用较为薄弱，未能及时关注幼儿在游戏中的情感需求，影响了幼儿深度学习行为的深入开展。

一、评价体系有待进一步建构

评价体系的建构是一个复杂而细致的过程，尤其在本课题实践研究中，针对幼儿在主题式结构游戏中深度学习的评价，更是需要细致入微的考量与持续的努力。目前，尽管我们已经在这方面迈出了重要的一步，通过侧重过程性评价，努力建构多重评价主体、综合运用多元评价方法，以及致力于增强评价的有效性。但不可否认的是，一个全面、系统且能够精准反映幼儿深度学习状态的评价体系仍有待进一步建构和完善。如采用作品分析、访谈、幼儿自我反思等评价方式，更全面地了解幼儿在游戏中的深度学习状态。同时，还应将家长、园部评估组、课题组等纳入评价主体，他们各自独特的视角与观察能为我们的评价提供更加丰富和多元的信息。我们还认识到，不同的评价主体应采用不同的评价标准和方法。因此，在建构评价体系时，我们需要充分协调各方意见，确保评价的公正性和客观性。

二、前期情感有待进一步关注

目前，教师更倾向于从幼儿深度学习的成果，如知识的掌握、问题的有效解决、产出高质量的作品和全身心投入等方面来解读幼儿深度学习的行为，导致教师在指导过程中过分强调结果而忽视过程，这可能会让教师无法全面和及时地捕捉到幼儿在主题式结构游戏前期情感体验的需要。

我们收集了小、中、大班 78 篇完整的案例分析，将其录入 NVivo 软件中作为分析资料（如图 16 所示）。

图 16　NVivo 操作界面与材料导入

我们通过 NVivo 软件将有代表性的字、词、句逐渐归纳并以自由节点进行命名。本研究依据环境、提问、情感和经验四个维度的支持策略共建立了 13 个自由节点。通过编码分析，我们发现教师在主题式结构游戏中运用情感支持幼儿深度学习方面还有较大的提升空间（如图 17 所示）。

图 17　NVivo 资料编码

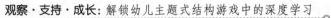

幼儿对游戏的兴趣和内驱力是引发幼儿深度学习的重要动力。教师往往忽略了幼儿在游戏开始前所需的动力支持。在游戏前，教师的支持主要集中在计划上，很少涉及游戏前的情感支持。幼儿会表现出沮丧、游离、放弃等游戏行为，这时候就需要教师及时提供情感支持，从而推动主题式结构游戏的开展，促进幼儿深度学习行为的发生与发展。

在未来的研究中，我们将建构更为全面和系统的评价体系，综合运用多种评价方式，拓展评价主体，体现共同参与、相互支持，形成各主体之间相互协作、有机组合的评价共同体。同时，我们会加强对教师情感支持能力的培训，使其能够更好地关注并满足幼儿在主题式结构游戏中的情感需求，促进幼儿深度学习行为的深入开展，从而形成更具有深度和价值的研究成果。

参考文献

［1］汪宁馨.深度学习视角下大班主题建构活动的教师言语指导行为个案研究[D].南京：南京师范大学，2018.

［2］张阳.大班结构游戏中深度学习的研究[D].济南：山东师范大学，2019.

［3］卢伟，游云龙.幼儿深度学习的理论与实践——基于大班幼儿积木游戏[J].教育与教学研究，2019(9)：45.

［4］中华人民共和国教育部.幼儿园教育指导纲要(试行)[M].北京：北京师范大学出版，2001.

［5］华爱华.幼儿游戏理论[M].2版.上海：上海教育出版社，1998.

［6］刘焱.儿童游戏通论[M].北京：北京师范大学出版社，2004.

［7］卢素芳，曹霞，顾红云.促进幼儿深度学习的游戏样态创新与实践[J].上海教育科研，2019(7)：78-83.

［8］田波琼，杨晓萍.幼儿深度学习的内涵、特征及支持策略[J].今日教育(幼教金刊)，2017(7)：17-20.

［9］施冬梅.游戏引发深度学习的路径和策略探寻——从"泡泡乐"说起[J].山东教育，2017(32)：41-42.

［10］李惠.2016年南京学术年会系列报道：冯晓霞《区域游戏中的深度学习》[EB/OL].(2016-11-21)[2018-12-20]https://www.cnsece.com/KindTemPlate/MsgDetail/41175.

［11］何玲，黎加厚.促进学生深度学习[J].计算机教与学.现代教学，2005(5)：29-30.

［12］孙银黎.对深度学习的认识[J].绍兴文理学院学报(教育版)，2007(11)：34-36.

［13］张浩，吴秀娟.深度学习的内涵及认知理论基础探析[J].中国电化教育，2012(10)：7-11+21.

［14］冯晓霞.区域游戏中的深度学习[C].南京：中国学前教育研究会学术年会，2016：18.

[15] 王小英,刘思源.幼儿深度学习的基本特质与逻辑架构[J].学前教育研究,2020(1):3-8.

[16] 胡丹.促进深度学习的教学策略研究[D].大连:辽宁师范大学,2011.

[17] 蒋婷婷.区域活动中幼儿深度学习的教师支持研究[D].桂林:广西师范大学,2021.

[18] 杨幼榆.大班建构游戏中促进幼儿深度学习的教师支持研究[D].广州:广州大学,2022.

[19] 张月.建构区中主题建构游戏的实施策略[J].课程教材教学研究(教育研究),2018(Z2):74-76.

[20] 陆继好.主题积木建构游戏中幼儿深度学习的支持策略研究[J].教育观察,2022,11(36):83-85+118.

[21] 张梅.主题积木建构游戏下大班幼儿深度学习的教师指导策略[J].教育理论与实践,2021,41(29):62-64.

[22] 柯蒂斯 D,卡特 M.和儿童一起学习:促进反思性教学的课程框架[M].周欣,周晶,张亚杰,等,译.北京:教育科学出版社,2011.

[23] 叶平枝,李晓娟.对幼儿深度学习的深度理解与现实审视及其促进[J].学前教育研究,2023(07):13-24.

[24] 郭华.深度学习及其意义[J].课程.教材.教法,2016,36(11):25-32.

[25] 李璇律,田莉.建构主义视域下的深度学习[J].教学与管理,2019(12):1-4.

[26] 仇雅琳.区域活动中幼儿深度学习的研究[D].济南:山东师范大学,2018.

[27] 陈睿曦.大班建构游戏中支持幼儿深度学习策略的研究[D].成都:四川师范大学,2021.

[28] 纪红丽.建构游戏中促进大班幼儿深度学习的行动研究[D].南昌:江西科技师范大学,2022.

[29] 李嘉欣.深度学习视角下大班幼儿建构游戏的策略研究[D].天水:天水师范学院,2022.

[30] 张小芳.绘本教学中促进幼儿深度学习的行动研究[D].广州:广州大学,2022.

[31] 田雯静.绘本阅读活动中大班幼儿深度学习研究[D].济南:山东师范大学,2022.

[32] 张宁.大班绘本阅读活动中幼儿深度学习的个案研究[D].长春:长春师范大学,2022.

[33] 雷樱.深度学习视角下幼儿教师绘本教学的现状及策略研究[D].洛阳:洛阳师范学院,2022.

[34] 徐海燕.自主游戏中幼儿深度学习的教师支持性策略[J].基础教育研究,2021(24):93-94.

[35] 沈燕.大班幼儿深度学习的指导策略——以主题积木建构游戏为例[J].理科爱好者,2023(01):248-250.

[36] 施美苹.在游戏中促进幼儿深度学习的支持策略——以大班主题建构游戏"我心目中的小学"为例[J].福建基础教育研究,2022,168(12):117-119.

[37] 缪亚琴.三步九法:主题建构游戏中幼儿深度学习的支持策略——以小班主题建构游戏"桥"为例[J].早期教育,2022,1083(52):20-23.

实 践 篇

小班主题式结构游戏"有趣的轮子"

一、主题背景分析

（一）主题由来

在"小司机"主题开展过程中，幼儿对车产生了浓厚兴趣，自由活动时常常会聚在一起玩车，最喜欢的就是通过反复摩擦地面让轮子快速旋转。显而易见，轮子是汽车组成中最受幼儿关注的。运动平衡区的轮胎又引发了新一轮的关注热潮，幼儿探索着轮胎的多种玩法，有的滚、有的跨、有的跳……基于以上情况，教师又和幼儿共读了绘本《圆圆的轮子》。其封面上有各种各样的车辆和大大小小不一样的轮子，又引发了幼儿的各种讨论：轮子都长一样吗？只有汽车上才有轮子吗？……看来轮子的世界有太多令幼儿好奇的地方，也有太多可以探究的问题。于是，"有趣的轮子"主题活动诞生了。

（二）幼儿已有经验分析

在生活中，幼儿经常与车打交道。他们每天借助自行车、电瓶车、汽车和公交车来园、离园；途中还能看到不同功能的车，如警车、卡车等；车模也是幼儿喜爱的玩具，特别是男孩，他们对车更是爱不释手；幼儿园的运动区域——车区也是孩子们的最爱，儿童房车、自行车、大地车、踩踏车等，满足了幼儿扮演小司机的愿望。可以说，幼儿对汽车有着丰富的生活经验，对汽车的重要组成部分——轮子也并不陌生。同时，在"小司机"主题的开展过程中，一系列的主题活动不仅让幼儿认识了各种车辆，还让他们对轮子有了更深入的了解，如科学活动"车轮骨碌骨碌转"、艺术活动"安装汽车轮子"等。幼儿会通过亲身体验和实际操作来感知轮子的特点。

二、主题网络图

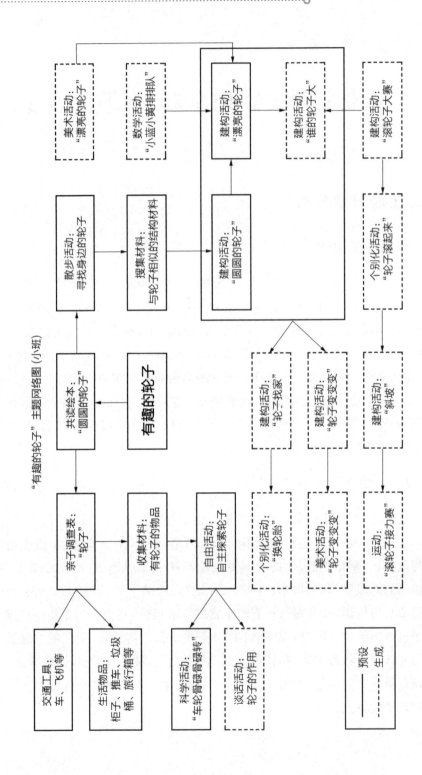

"有趣的轮子"主题网络图（小班）

有趣的轮子

美术活动："漂亮的轮子"

数学活动："小蓝小黄排排队"

建构活动："漂亮的轮子"

建构活动："谁的轮子大"

建构活动："滚轮子大赛"

散步活动：寻找身边的轮子

搜集材料：与轮子相似的结构材料

建构活动："圆圆的轮子"

个别化活动："轮子滚起来"

共读绘本："圆圆的轮子"

建构活动："轮子找家"

建构活动："轮子变变变"

建构活动："斜坡"

亲子调查表："轮子"

收集材料：有轮子的物品

自由活动：自主探索轮子

个别化活动："换轮胎"

美术活动："轮子变变变"

运动："滚轮子接力赛"

交通工具：车、飞机等

生活物品：柜子、推车、垃圾桶、旅行箱等

科学活动："车轮骨碌骨碌转"

谈话活动：轮子的作用

—— 预设
------ 生成

三、活动记录

名称和照片	观察和指导
活动名称 1:共读绘本《圆圆的轮子》 	**观察重点 1**:幼儿对轮子的感兴趣程度。 **支持策略 1**:和幼儿共读,通过猜一猜、翻一翻来激发幼儿的阅读兴趣。 **观察重点 2**:幼儿对主题相关经验的信息收集意识。 **支持策略 2**:共读后组织分享活动,帮助幼儿梳理主题经验,通过调查表进一步拓展他们的经验。
活动名称 2:调查表"轮子" 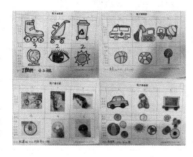	**观察重点 1**:幼儿对零散经验的信息收集情况。 **支持策略 1**:请幼儿分享调查表,通过统计和分类,进一步拓展和梳理经验,使个体经验达成共享。 **观察重点 2**:幼儿在搭建过程中对调查表的使用情况。 **支持策略 2**:将调查表展示于表征墙上,便于幼儿随时取用。
活动名称 3:收集材料 	**观察重点 1**:幼儿对轮子的探索兴趣。 **支持策略 1**:鼓励幼儿在自由活动时自主探索轮子,在摸一摸、玩一玩中获得经验和产生疑问。 **观察重点 2**:幼儿在探索过程中产生的各种疑问。 **支持策略 2**:组织科学活动"车轮骨碌骨碌转",通过操作实验来解疑:"轮子都是圆的吗?"

续　表

名称和照片	观察和指导
活动名称 4：科学活动——车轮骨碌骨碌转 	**观察重点 1**：幼儿对轮子形状的感知。 **支持策略 1**：通过亲身体验和实际操作来感知不同形状轮子的滚动现象，从而得出轮子都是圆形的这一结论。 **观察重点 2**：幼儿对轮子滚动现象的兴趣。 **支持策略 2**：创设坡度，激发幼儿的活动兴趣。
活动名称 5：散步活动——寻找身边的轮子	**观察重点 1**：幼儿对不同轮子的搜寻情况。 **支持策略 1**：拓展探索空间，从教室到户外。 **观察重点 2**：幼儿散步过程中的新发现——和轮子长得相似的结构材料。 **支持策略 2**：组织一次结构材料大搜集，为后续的搭建活动做铺垫。
活动名称 6：搜集结构材料 	**观察重点 1**：幼儿搜集到的结构材料形状。 **支持策略 1**：组织探讨活动"这些结构材料都是圆形的吗"。 **观察重点 2**：幼儿搭建过程中这些材料的使用情况。 **支持策略 2**：将结构材料展示于表征墙上，便于幼儿随时取用。

续　表

名称和照片	观察和指导
活动名称 7：建构活动——圆圆的轮子	**观察重点 1：**幼儿搭建的轮子形状。 **支持策略 1：**利用分享环节交流"轮子圆不圆"。 **观察重点 2：**幼儿搭建轮子的不同方法。 **支持策略 2：**利用分享环节交流搭建的不同方法，并展示于结构展示区。
活动名称 8：建构活动——漂亮的轮子	**观察重点 1：**幼儿搭建轮子时使用的颜色和规律。 **支持策略 1：**组织投票，说一说自己认为最漂亮的轮子。 **观察重点 2：**幼儿分享交流时对同伴作品的评价。 **支持策略 2：**通过作品比较，引发同伴质疑。
活动名称 9：建构活动——谁的轮子大	**观察重点 1：**幼儿搭建轮子时的倾听与交流情况。 **支持策略 1：**调整座位，增加地面建构区和互动区。 **观察重点 2：**幼儿对轮子形状的质疑。 **支持策略 2：**利用分享环节探讨验证圆形的好方法："找个圆圆的东西比一比""看看能不能滚起来"。
活动名称 10：建构活动——滚轮子大赛	**观察重点 1：**轮子的滚动情况。 **支持策略 1：**创设斜坡，满足幼儿的游戏需要。 **观察重点 2：**幼儿搭建轮子的不同造型。 **支持策略 2：**组织滚轮子大赛，比较不同造型轮子的滚动速度。

159

续　表

名称和照片	观察和指导
活动名称 11：个别化活动——轮子滚起来 	**观察重点 1**：幼儿对滚轮子的兴趣。 **支持策略 1**：提供搭建好的造型各异的轮子和不同高度与材质的斜坡。 **观察重点 2**：幼儿对不同造型轮子滚动的记录情况。 **支持策略 2**：提供记录表，引导幼儿用自己的方式进行表征。
活动名称 12：建构活动——斜坡 	**观察重点 1**：幼儿搭建斜坡时结构材料的使用情况。 **支持策略 1**：丰富材料，提供大型建构材料。 **观察重点 2**：幼儿将轮子放在搭建斜坡上滚动的情况。 **支持策略 2**：拓展空间，到户外寻找合适的斜坡。
活动名称 13：建构活动——轮子找家 	**观察重点 1**：幼儿使用轮子的情况。 **支持策略 1**：将展示区积累的大量轮子作品安装到各个物体上。 **观察重点 2**：幼儿在"轮子找家"活动中的情况。 **支持策略 2**：多方面作品展示，将不同的创意作品展示于地面结构区。

续 表

名称和照片	观察和指导
活动名称 14：建构活动——轮子变变变 	**观察重点 1**：幼儿对轮子的想象。 **支持策略 1**：通过艺术活动"轮子变变变"，运用借形想象，引发联想风暴。 **观察重点 2**：幼儿以轮子为基础变化的多种造型。 **支持策略 2**：将不同的创意作品展示于地面结构区。

四、经验总结

（一）主题式结构游戏是触发幼儿深度学习的有效载体

随着现代教育教学的不断变革，幼儿教育的热点逐渐从"浅层学习"向"深度学习"转变，强调引导幼儿进行深层次的探索学习，帮助幼儿开拓思维。这是一种有意义的、复杂的高级学习方式，是运用已有知识和经验去探索未知世界的一种学习方式，也是运用综合思维能力对复杂知识进行理解的一种学习方式。

主题式结构游戏作为一种围绕特定主题，通过建构来反映幼儿对世界认识的创造性游戏，其具有的自主性、操作性、表征性及创造性等特征与深度学习中所涉及的理解、应用及评价等学习要素高度契合。幼儿在主题式结构游戏中发现问题、采用多种策略解决问题，有助于他们在最近发展区提升认知水平、人际互动能力，并获得积极的情感体验。综上所述，幼儿在主题式结构游戏中往往能表现出高于自身现有水平的能力，这能为幼儿的深度学习搭建一个良好的平台。

（二）深度学习视域下主题式结构游戏的组织与发展

1. 经验积累

（1）读一读

我们的主题由绘本《圆圆的轮子》开启。通过共读绘本，唤起了幼儿对轮子的经验回顾。同时，车轮以外的轮子信息又是一种对经验范围的挑战，它在暗示：别以为只有车子才有轮子，生活中还有很多地方有轮子呢！

（2）查一查

为了帮助幼儿积累主题经验，我们邀请家长与幼儿共同完成亲子调查表"轮子"，并收集相关的信息：什么东西有轮子？它有几个轮子？和轮子有一样形状的其他事物有什么？以图片或绘画的形式呈现，有助于幼儿更好地将自己收集的信息分享给同伴。经过对分享的统计，我们将轮子分为两类：交通工具类和生活用品类，并进一步拓展和梳理经验。最后，我们将调查表展示于表征墙上，便于幼儿随时取用。

（3）玩一玩

小班幼儿多以直接经验获得知识，在摸一摸、玩一玩中更容易获得经验，于是，我们收集了家中有轮子的物品，将其放置于结构展示区，供幼儿在自由活动时自主探索。幼儿在探索的过程中引发了新的疑问："轮子都是圆的吗？"

（4）找一找

我们利用散步时间，开展了一次寻"轮"之旅。以教室为起点，幼儿在柜子、钢琴、黑板、婴儿车下都发现了轮子。为了进一步拓展探索空间，我们走出教室，走进校园，惊喜地发现运动器械收纳车、运材料的平板车、各种车类玩具上都有轮子，生活中的轮子无处不在。在散步的过程中，孩子们还发现了很多和轮子长得相似的结构材料。于是，我们决定开展一次材料大搜集，从教室到走廊，再到各个活动室，我们收获满满，搜集了许多可以当作轮子的结构材料。

2. 主题生发

（1）单个轮子的多维探究

随着"有趣的轮子"主题的持续开展，幼儿已不满足于单个现有的结构材料，开始想要用各种积木来建构轮子，有的用雪花片，有的用点点积木，还有的用清水积木，他们都能搭出圆圆的轮子。随着搭建技能越来越熟练，幼儿开始从轮子的颜色、大小和造型上体现多种变化。

【案例一】颜色的变化

案例实录：

亦驰尝试在第一层雪花片上用粉色和深绿色的雪花片间隔搭建第二层,再用浅绿色和蓝色雪花片间隔搭建第三层,很快就搭建出了一个轮子。他旁边的一一随意拿取雪花片搭建了一个轮子,亦驰说:"你的轮子颜色乱乱的,一点也不漂亮。"一一回答道:"我觉得很漂亮。""你轮子的颜色没有规律。""我就喜欢彩色的轮子。"

展示区已经有很多轮子了,有各种单色的、有一层一色的……于是,教师组织了一次投票,让幼儿选出最漂亮的轮子,最终,亦驰的票数最高。教师问道:"为什么你们觉得亦驰的轮子最漂亮?""他的颜色搭配得很好看。""他每一圈的颜色都是有规律的。"一一还是把票投给了自己,并说道:"我就觉得我的轮子最漂亮。"教师说:"每个人都对漂亮的轮子有不同的看法,关键是要能说出自己的理由。"

分析：

从幼儿的几次搭建中可以发现一个共性问题:幼儿在搭建时往往只注重形状,而忽略颜色的搭配。通过艺术活动"漂亮的轮子"和科学活动"小蓝小黄排排队",可以引导幼儿感知规律排序的美。从案例中可以发现,幼儿能够将学习活动中的经验巧妙迁移至建构活动中,他们在搭建轮子时开始注重颜色搭配,有的是单色的,有的是一层一色的,有的是每一层的颜色间隔排列的,大部分幼儿的轮子颜色正在发生变化。

由于每个人对美的感受和看法不同,因此,教师通过一次投票活动来激发幼儿的表达欲望。幼儿各抒己见,有的发表自己对美的看法,尝试用自己的理由去说服同伴,而有的仍然坚持自己的想法,不轻易认同。这一系列行为说明幼儿在游戏时能够独立思考,不盲从他人,敢于提出自己的意见和看法,在反思批判过程中实现深度学习。而教师始终以一个旁观者的身份,接纳所有幼儿的观点,极大限度地保护了他们敢于批判的精神。

【案例二】大小的变化

案例实录：

自从关注到了颜色,亦驰喜欢一层层往外延伸,轮子越搭越大。完成后,亦驰举起轮子,看了很久,教师问旁边的一一:"他的轮子圆不圆?"一一说:"不圆。"亦驰问:"哪里不圆?"一一指着轮子说:"这里长,这里短。"亦驰听了一一的话没有回应,看了一会儿,然后把刚才一一指出的较长的位置拆掉了几片,又在另外一边加了几片。一一说:"这个轮子还是不圆,这个地方都搭到一起去了。"亦驰没有理会,拿着轮子找其他同伴炫耀去了。在分享环节,一一再一次质疑:"这个轮子不圆。"大家的意见不统一，有的说圆，有的说不圆，教师问："有什么方法能让我们知道轮子到底圆不圆呢？"有的说："找一个圆圆的东西比一比。"有的说："看看能不能滚起来。"教师说："那下次用这些好办法去试一试吧！"

分析：

自从幼儿关注到了颜色，他们喜欢一层一层往外延伸，轮子的大小发生着变化，从而激发了幼儿比一比的兴趣。但是，我们发现随着轮子越来越大，问题也随之产生。

亦驰想要搭建一个又大又圆的轮子，在搭建的过程中，他凭感觉随意接插，最后呈现的作品引发了同伴的质疑——轮子不圆。对于同伴的质疑，他尝试通过调整接插的数量，让轮子逐渐变圆，但是再一次被质疑。这一次，亦驰选择坚持自己的想法。教师将这个问题在分享交流阶段组织幼儿讨论，利用集体的力量找到可行的方法。

【案例三】造型的变化

案例实录：

亦驰发现今天的展示区多了一个斜坡装置，于是将上次被质疑的大轮子在斜坡上滚了滚，但发现轮子并不是滚下去的，而是滑下去的。于是，亦驰将这个轮子扔在一边，又从半成品区拿了两个小轮子，紧接着，他将这两个轮子进行拼接，变成了一个滚筒式的轮子，自言自语道："这下肯定能滚起来了。"于是，他拿着轮子来到斜坡旁，结果发现斜坡的宽度不够，轮子还没滚就掉了下来。教师及时关注到了这个现象，立刻将在个别化学习中用纸板制作的跑道和积木柜组合成斜坡的造型。这一行为吸引了亦驰的注意，他拿着改装好的轮子来到斜坡上，轮子飞快地滚了下来。一一拿着自己的轮子过来和他交换，亦驰试了试，说："你这个薄薄的轮子滚不起来，我不要跟你交换。"与此同时，琦琦也拿着和一一相同造型的轮子，将它从斜坡上飞快地滚了下来。在分享交流环节，大家对"薄薄的轮子是否能够滚起来"争论不休。针对这个疑问，教师播放了刚刚琦琦滚动轮子的片段。亦驰有点疑惑："我刚刚明明滚不起来啊。"教师请亦驰拿着薄薄的轮子再来试一试。结果发现轮子有的时候能滚起来，有的时候不能。在实验的过程中，大家发现轮子要对准斜坡，还要将轮子扶正，这样才能让轮子滚起来。

分析：

教师能及时捕捉到幼儿想要验证"轮子圆不圆"的需求，创设不同的斜坡，激发幼儿搭建轮子的兴趣。为了让轮子滚起来，孩子们的创意层出不穷，有的是单层的小轮子，有的是单层的大轮子，有的是滚筒式的轮子。可以发现，当幼儿有了这种目标意识后，轮子的造型正在发生变化，幼儿的创新思维逐步发展，同时也体现了他们的批判性思维。

跳脱出传统的搭建方式,在互动式"滚轮子大赛"的情境中,幼儿的倾听与交流行为明显增加,他们相互质疑,提出自己的观点,从而引发进一步的思考:哪些轮子可以滚起来?怎样可以滚得又快又稳?教师没有直接给出答案,而是引导幼儿通过直接感知、亲身体验和实际操作进行验证,从而将其内化为自身的经验。

(2)多个轮子的组合探究

随着幼儿对轮子大小、颜色和造型的不断探索,展示区放满了各式各样的轮子。单个轮子已经满足不了幼儿的搭建欲望,他们开始尝试多个物体之间的组合搭建,给轮子找不同的家,改变轮子的基础造型,变成一种新的物体。

【案例一】轮子找家——小汽车

案例实录:

亦驰用雪花片搭建了一个梯形作为公交车的车身,又找来了两个大小一样的轮子,想要安装在车上。他将车轮横向安装,车子怎么也站不起来。教师问:"为什么站不起来呢?"亦驰说:"因为车子有四个轮子,我还少两个。"于是,亦驰又拿来了两个轮子,继续横向安装,可车子还是没站起来。游戏结束,亦驰把作品拿到展示区,这里已经摆满了各式各样的汽车。孩子们欣赏着同伴的作品,小年糕说:"亦驰,你的车轮装得不对,这样的小汽车是开不起来的。"致远说:"轮子应该竖着装,因为轮子是向前滚的。"亦驰恍然大悟,他试图将轮子拆下来换个方向,可还是不稳。一一说:"你的轮子怎么一高一低,轮子应该一样高!"教师说:"结构展示区有两辆大货车,你们可以去观察一下轮子到底怎么安装。"

分析:

车是幼儿的共同兴趣,所以在第一次的"轮子找家"活动中,大多数幼儿都想到把轮子安装在汽车上。而在轮子安装的过程中又出现了很多问题,比如轮子安装方向、前后左右对称关系等。面对以上问题,教师在交流分享环节试图通过讨论的形式让幼儿解决这些问题。但事实上,受到时间限制,幼儿没办法很好地深入探究。于是,教师巧妙地提供实物,将探索活动延伸到自由活动中,鼓励幼儿自主探索。为了更好地帮助幼儿巩固经验,教师还创设了"换轮胎"的个别化学习活动,让幼儿在实际操作中,不断探索轮胎的安装方法。

【案例二】轮子找家——轮椅

案例实录:

教师组织幼儿在活动前开展了一次讨论:除了汽车,你的调查表上还有哪些东西有轮子?亦驰说:"我想起来了,轮椅上也有轮子。"经过一番激烈的讨论,孩子们开始了各自的搭建。亦驰从表征墙上取下调查表，边看边搭，搭建完椅子部分后，又看了看调查表，走到展示区拿了两个大轮子。他刚坐下又站了起来跑向教师，问道："老师，轮椅有几个轮子？"教师没有回答，而是上网搜索了一张轮椅的照片，亦驰边看边小声地数道："1,2,3,4,有四个。"教师又问："这四个轮子一样大吗？"亦驰说："前面两个小，后面两个大。"于是，他又拿了两个小轮子开始了轮子的安装。起初，亦驰又习惯性地横向安装轮子，但他马上就发现了问题，迅速拆下后调整了方向，并仔细比对两边轮子是否对称才进行按压固定。很快，一辆轮椅就完成了。

分析：

教师通过调查表帮助幼儿回忆经验，并丰富了搭建内容，从他们感兴趣的物品搭建延伸到各类生活用品的搭建，发展幼儿的创新思维。当幼儿产生疑问时，教师不急于告诉他们答案，而是通过图片和提问引导他们解决问题。在安装轮子的过程中，幼儿将安装汽车轮子的经验有效迁移至本次活动，很快完成了搭建。

【案例三】轮子大改造

案例实录：

教师提问："今天我们进行了轮子大改造。如果将轮子变一变，能变出什么呢？"一一拿了一个轮子，简单地加了一根棍子，举在手里说："看我的棒棒糖。"妍妍拿了一个空心轮子，在轮子上方继续接插了一圈雪花片，然后戴在头上，兴奋地说道："我的皇冠漂亮吗？"衡衡拿了个最小的轮子，继续往上叠加雪花片，又加了个把手，提着说："这是水桶。"一旁的亦驰嘟囔着："我搭的东西跟你们都不一样。"只见他将一个大轮子平放，再在轮子上搭建了四根柱子，又试图在上面搭建什么，但是不牢固，总是掉下来，教师问："亦驰，你想变什么呀？"亦驰说："我想要搭一个亭子，可是这个顶老是掉下来。"教师问："它往哪边掉下来？"亦驰说："它老是往这边掉下来。""为什么每次都是往这边掉下来呢？"亦驰仔细地观察着屋顶，发现两边不是一样长的，他问道："是不是因为这边太重了？"教师说："有可能，你可以调整一下雪花片的数量，再试一试。"亦驰数了数，然后在少的一边加了几个，确保两边一样长再将顶放上去，顶果然不掉了。他又仔细地将柱子和屋顶进行接插固定，一个高难度的亭子终于完成了。

分析：

随着幼儿搭建水平的提高，他们不再局限于模仿搭建，而是可以借助轮子的基础造型，通过增减积木搭建出一个全新的物体。为了帮助幼儿拓展想象空间，我们开展了"轮子大改造"的艺术活动，帮助幼儿打开思路，通过借形想象，引发联想风暴，进一步延伸主题。孩子们搭出了棒棒糖、皇冠、水桶、亭子等，高阶思维正在不断发展。当幼儿遇到困难无法继续搭建时,教师及时介入,利用提问引导幼儿发现问题,并尝试解决问题。教师不是直接告诉幼儿该怎么做,而是通过不断地激发幼儿的求知欲,让他们产生问题意识。

(三)支持小班幼儿深度学习的有效策略

1. 合理利用家庭资源,丰富幼儿主题经验

创作空间离不开丰富的想象力,想象力的提升需要扩大知识面,而要幼儿扩大知识面不能局限于幼儿园。因此,需要建立家园合作,引导家长带幼儿探索社会上的资源,丰富主题经验。例如利用假期带幼儿去商场、公园、马路逛一逛,和幼儿一起寻找有轮子的物品、观察轮子的特征;亲子完成调查表,收集关于轮子的信息;共同收集家中有轮子的物品,将其放置于结构展示区,供幼儿在自由活动时自主探索,为幼儿的下一步建构提供探索材料。

2. 巧妙设置建构区域,拓宽幼儿学习空间

教师要突破传统的桌面搭建模式,可以增加地面、柜面搭建,并将桌子与桌子之间进行连接、围合,拉近幼儿间的距离,以增加他们的沟通互动;创设互动式的情境模式,如搭建不同坡道的环境,支持幼儿"滚轮子"的需求,从而激发幼儿的搭建兴趣;为进一步满足幼儿的游戏需求,可以将构建区域拓展到乐高室和结构室,甚至到户外建构区,滑梯和一个简单的坡道也能支持幼儿的进一步探索。

3. 充分发挥互动作用,引导幼儿深度学习

教师可以将游戏分享变成幼儿的"故事分享会"或"问题研讨会"的形式,让分享成为幼儿高品质学习的助推器。教师可以将抓拍到的游戏瞬间播放给幼儿看,再借助问题引导画面中的主人公讲述游戏故事,例如你是如何搭建的? 你有什么新发现? 你在游戏中遇到了哪些困难或问题? ……然后,教师聚焦其中的一些核心问题,引导幼儿共同讨论,思考解决办法。这样的游戏分享不仅可以让幼儿的个体零散经验得到及时的推广,而且可以通过聚焦式的问题研讨,让幼儿的游戏故事情节得到升华。

4. 有效整合主题网络,帮助幼儿链接经验

主题式结构游戏从幼儿熟悉的轮子入手,根据幼儿的生活经验铺展开一张经验网络,网络里分布了不同层级关于轮子的信息,它们相互联结,相互牵引。如颜色的变化引发了大小的变化,大小的变化又引发了滚动实验,而滚动实验又引发了造型上的变化,这环环相扣的系列活动让幼儿将日常生活中关于轮子的零散经验整合起来,并通过亲身经历,对这些经验形成更为立体、综合的认识。

小班主题式结构游戏"游乐园"

一、主题背景分析

（一）主题由来

朵朵带来了和爸爸妈妈一起去迪士尼的照片，引发了班级里孩子们的兴趣。因此，我们决定根据幼儿的兴趣，开展"游乐园"这个主题式结构游戏。在游戏开展前，我们和幼儿共同收集了游乐园的信息及一些辅助材料，如奶粉罐、小动物等，为开展游戏做好准备。

（二）幼儿已有经验分析

在搭建技能方面，我们发现幼儿已掌握了垒高、平铺、延长、围合等简单的建构技能，基本技能的掌握为幼儿搭建游乐场打下了坚实的基础。在认知经验方面，幼儿对迪士尼乐园十分感兴趣，积累了一定的游玩经验，同时他们也能积极主动地根据图片寻找自己喜欢的建筑物，并尝试用不同的积木进行搭建。

二、主题网络图

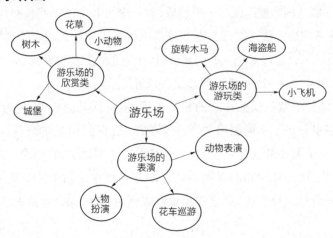

168

三、活动记录

名称和照片	观察和指导
活动名称1：城堡 	**观察重点1**：观察幼儿对城堡的兴趣。 **支持策略1**：收集游乐园的各种城堡图片供幼儿参考。 **观察重点2**：观察幼儿选择适当的材料建构作品。 **支持策略2**：鼓励幼儿运用不同的结构材料搭建作品，交流分享自己建构的作品。 **观察重点3**：观察幼儿在建构时辅助材料的使用情况。 **支持策略3**：鼓励幼儿选择材料库里的辅助材料来装饰城堡。
活动名称2：海盗船 	**观察重点1**：观察幼儿垒高技能的发展情况。 **支持策略1**：提供长方形泡沫积木，让幼儿尝试运用垒高技能进行建构。 **观察重点2**：观察幼儿在建构时辅助材料的使用情况。 **支持策略2**：鼓励幼儿选择材料库里的辅助材料来装饰海盗船。 **观察重点3**：观察幼儿运用海盗船开展游戏的情况。 **支持策略3**：鼓励幼儿与同伴运用海盗船开展游戏。
活动名称3：过山车 	**观察重点1**：观察幼儿对迪士尼里游乐设施的兴趣。 **支持策略1**：收集游乐园里各种游乐设施的照片，请幼儿说一说喜欢哪一个游乐设施。 **观察重点2**：观察幼儿建构时的自主性。 **支持策略2**：鼓励幼儿运用不同的结构材料搭建不一样的过山车。 **观察重点3**：观察幼儿在搭建过程中，与同伴协商合作的情况。 **支持策略3**：鼓励幼儿与同伴一起搭建过山车。

名称和照片	观察和指导
活动名称4：圣诞树 	**观察重点1**：观察幼儿搭建不同的树。 **支持策略1**：交流分享时，请幼儿描述自己搭建的树。 **观察重点2**：观察幼儿对圣诞树的兴趣。 **支持策略2**：出示不同的圣诞树的图片，引发幼儿建构的兴趣。 **观察重点3**：观察幼儿在建构时辅助材料的使用情况。 **支持策略3**：鼓励幼儿选择材料库里的辅助材料来装饰圣诞树。
活动名称5：托马斯轨道 	**观察重点1**：观察幼儿对通过接插、组合等技巧来进行建构的兴趣。 **支持策略1**：提供不同轨道的图片，引导幼儿自由选择、尝试建构。 **观察重点2**：观察幼儿在搭建过程中，与同伴协商合作的情况。 **支持策略2**：鼓励幼儿与同伴合作搭建长长的轨道。 **观察重点3**：观察幼儿使用辅助材料开展游戏的情况。 **支持策略3**：引导幼儿把不同的火车放在轨道上行驶，感知火车的速度。
活动名称6：旋转的风车 	**观察重点1**：观察幼儿对旋转物的兴趣。 **支持策略1**：鼓励幼儿在幼儿园里寻找会旋转的物品，并进行交流分享。 **观察重点2**：观察幼儿尝试使用不同的建构材料。 **支持策略2**：提供幼儿园里的旋转物照片，鼓励幼儿选择不同的积木来建构。 **观察重点3**：观察幼儿根据不同材料的特性进行搭建的能力。 **支持策略3**：通过交流分享，请幼儿说一说哪一种积木更适合搭建风车。

续　表

名称和照片	观察和指导
活动名称7：核酸检测亭 	**观察重点1：**观察幼儿对自主建构的兴趣。 **支持策略1：**鼓励和肯定幼儿的搭建作品，并提出合理建议。 **观察重点2：**观察幼儿根据不同材料的特性进行搭建的能力。 **支持策略2：**鼓励幼儿根据物品的特征，有意识地选择适合的材料进行建构。 **观察重点3：**观察幼儿为核酸亭加盖不同形状屋顶的创意。 **支持策略3：**对幼儿搭建时的颜色搭配提出建议，避免因颜色杂乱而破坏美观。
活动名称8：游乐园 	**观察重点1：**观察幼儿用积木或辅助材料进行建构的情况。 **支持策略1：**鼓励幼儿大胆想象，搭建喜欢的游乐园。 **观察重点2：**观察幼儿在搭建时的问题解决能力。 **支持策略2：**鼓励幼儿在遇到问题时自己想办法解决或主动寻求帮助。 **观察重点3：**观察幼儿根据材料的特性进行搭建的能力。 **支持策略3：**引导幼儿在建构时适当使用一些辅助材料。

四、经验总结

幼儿园主题式结构游戏是指在一段时间内围绕一个主题来组织的结构游戏等系列活动，其特点是打破领域之间的界限，将各种一日活动的内容围绕主题有机连接，让幼儿通过该主题式结构游戏，获得与主题相关的较为完整的经验。

深度学习是幼儿在已有认知基础之上，在与环境互动的过程中积极主动地学习新的知识和经验，并将这些新旧经验整合迁移到新的情境中，在元认知的参与下运用知识与技能解决问题，从而获得成功体验的一种学习方式。

下面阐述本次主题式结构游戏的开展过程。

（一）跟随兴趣，确立主题式结构游戏的主题

随着"游乐园"主题活动的开展，我们发现教师的参与过多，主导性较强，忽视

了对幼儿想象力和创造力的培养。教师应重点围绕专注投入、经验迁移这两个发展指标，在主题式结构游戏中激发幼儿的自主性，使他们在建构的过程中获得成功、自信、自主的情感体验。

【案例一】海盗船

镜头一：

这一天，朵朵带来了和爸爸妈妈一起去迪士尼的照片，引发了班级里孩子们的兴趣，他们纷纷讨论了起来。

小宇说："迪士尼我去过，我还和米奇与米妮拍过照片呢！"

牛牛说："我玩过七个小矮人的过山车和小熊维尼的过山车。"

……

针对幼儿的兴趣，教师在放学时提出了要求，请孩子们与家长一起收集更多关于游乐园的信息。第二天，孩子们带来了游乐园里各种各样的物品，我们的结构游戏开始了……

《幼儿园教育指导纲要（试行）》中指出，游戏主题要根据幼儿园的教育内容，围绕师幼共同的兴趣点、幼儿的经验和年龄特点而确定，同时将幼儿的结构游戏渗透到一日活动中，不断接纳幼儿生成的活动，形成预设和生成相结合的活动。因此，教师在观察中发现了幼儿的兴趣点后，要通过家园合作，共同收集相关信息，为幼儿之后参与主题式结构游戏提供经验支撑。

镜头二：

星期一早上，甜甜刚走进教室就兴高采烈地跟教师说："老师！昨天爷爷也带我去游乐场玩了！"教师问道："那你来说说，游乐场里有什么呀？"甜甜激动地与同伴讨论起来，有的说游乐场里有滑轨道，有的说很喜欢游乐场里的大房子，有的说游乐场里可以玩小飞机。看到孩子们热情高涨地讨论着游乐场，教师说："可是老师没去过，你们可以用积木搭给我看看吗？""好！老师，我给你搭游乐场。"

幼儿对自己熟悉的东西很感兴趣，游乐场正是能让每个孩子都有共鸣的场所之一，那里有许多快乐和挑战。根据孩子们的兴趣，我们顺势确定了近期的建构主题，得到了他们的热切响应。为了更好地进行游戏，我们进行了初步的环境创设，并与孩子们讨论了"游乐场里有什么？"这个问题。孩子们纷纷发言，滑轨道、停车场、大房子成了高频词汇。

（二）创设环境，有效促进幼儿主题式结构游戏的开展

【案例二】轨道长又长

镜头一：

游乐场建构开始了！孩子们很快就分散开来，自己选择想要的形状开始建构。小轩独自一人拿着积木认真搭建，不一会儿，以几个乐高积木为底座、长条形积木为滑板的轨道出现在了场地中。在放好一个长条形积木后，小轩又在其后延续了一个长积木，搭建出了一个"超长轨道"。完成了自己的作品后，小轩拿起一个积木，模拟滑轨道的动作开心地玩了起来。

第一个轨道出现后，慢慢地，场地上出现了其他轨道。几个女孩子聚在一起，不知道说了些什么。很快，妮妮、大宝、小宝拿着积木一下子搭出了一个轨道。完成后，她们也拿着小木块，边聊天边开心地玩了起来。

幼儿对搭建轨道十分感兴趣，也许是因为轨道是他们最熟悉的游乐设施。在搭建过程中，幼儿把对轨道的了解迁移到自己的搭建活动中，搭建的轨道也各有特色。对小班的幼儿来说，大部分孩子的搭建技巧都还处于简单的围合和堆砌水平，同时，受到积木数量和大小的限制，他们大多只搭建了一个轮廓，细节部分展示不出来。因此，创设更宽敞的空间、提供数量充足的积木材料可以推动幼儿的游戏进一步发展。

镜头二：

在看到轨道搭建成功后，大家都非常高兴。但他们对于下一步要去做些什么好像有一些茫然。这时，教师询问道："我有一个大大的积木，我可以用它在你们的轨道上滑行吗？""不行，这个太大了，我们需要搭一个大大的轨道。"大宝随后就说："我们到地上搭一个大大的轨道吧！"小轩说："那我们要用大大的清水积木才可以。"就这样，孩子们开始搭建了。

一个共同感兴趣的游戏主题，能够让幼儿自然而然地产生合作行为。原本的平行游戏转化成了初步的合作游戏。通过观察我们发现，在第一次和第二次搭建过程中，幼儿在寻找和比较之后能根据需求选择不同大小的同种材料，表现出他们较强的自主性。

（三）结合经验，推进幼儿开展主题结构游戏

【案例三】旋转的秘密

镜头一：

在结构室建构时，孩子们用长方形的泡沫积木搭建了一艘海盗船，坐在船上开

心地笑了。

教师及时发现了孩子们的兴趣,并在分享交流环节问他们:"除了海盗船,还能搭什么?"孩子们认真地思考起来。这时,教师拿来了孩子们准备的游乐园图片,引导他们看着图片找一找。幼儿们认真地翻阅着,不一会儿就找到了目标,其中一名幼儿对教师说:"我要搭小飞机。"这时,又有幼儿有了新的思考,他说:"游乐园里怎么没有小卖部呀。""对呀,可以设计一个小卖部!"另一名幼儿点了点头,表示同意。于是,他们找到泡沫积木进行了建构。不一会儿,一家小卖部就造好了,他们还拿来雪花片替代小卖部里的物品。

之后,他们的游乐园里又出现了休息的小椅子、吃饭的餐厅……

深度学习具有主动性、真实性、合作性、整体性的特点。当幼儿通过平铺、垒高等技能建构了一艘海盗船后,教师瞬间意识到这是一个推进游戏的好时机,于是通过提问的方式让幼儿进行思考。同时,教师还利用幼儿们收集的素材,引导他们自主观察与思考,把现实中的游乐设施迁移到结构游戏中,从而引发持续的搭建活动。

镜头二:

运动游戏开始了,牛牛高兴地叫了起来:"哈哈哈! 我转起来了,我像旋转木马一样转起来了。"牛牛的声音吸引了大家的注意,教师也看了过去。只见牛牛双手拉着运动器械吊环,放松身体,让自己跟着吊环的节奏不停地转动。"这个也能转,我也要玩!"悠然说着,来到了吊环下面,学着牛牛的样子玩了起来。可是人多吊环少,贤栋慢了一步,吊环没有了。

怎么办呢? 贤栋向四周看了看,来到了彩虹桥旁边,把两个彩虹桥围合了起来。然后,他找来了一辆自行车,围着彩虹桥绕圈圈,边绕圈边笑着说:"老师,我也转起来了。"教师及时进行了表扬。悠然一见,找来了羊角球,边跳边说:"我也转起来了! 哈哈哈!"

幼儿对小飞机、旋转木马、摩天轮等游乐设施的旋转现象产生了兴趣,于是开展了转圈圈活动。孩子们发现阳台上悬挂的风车、运动器械吊环等都能产生旋转。针对这一发现,教师为幼儿提供了深入探究的时间和空间,让幼儿沉浸在自发、自主的游戏中,支持和推进幼儿的深度学习。

(四) 我的思考

1. 幼儿发展

(1) 助推幼儿进行深度学习

随着主题式结构游戏的持续开展,幼儿们已逐步从单一的、模仿性搭建行为发展到自发、自主地进行想象和创造。他们尝试将已有的生活经验运用到游戏中,并且在不断发现问题、解决问题的过程中获得了更多的知识和经验,体验到了成功的喜悦。

(2)促进幼儿的自主发展

在主题式结构游戏中,教师尊重幼儿的学习兴趣和需要,鼓励幼儿尝试独立思考、独立活动,为幼儿提供了充足的自主发展空间,促使幼儿在不断尝试、探索中进行自主发展。

2. 教师发展

在对幼儿的观察中我们发现,要推动幼儿在主题式结构游戏中进行深度学习,教师必须做好以下两点。

(1)学会支持、推动发展

教师要注意观察幼儿的游戏行为,并提供适时、适当的支持,从而引发幼儿积极思考,探索问题解决的方法。如当幼儿对活动表现出兴趣时,作为观察者的教师要积极引导,鼓励幼儿去探究,给予幼儿更多展示自己的机会。这样既能提高幼儿的表达能力和表现能力,又能推动幼儿专注力的发展。

(2)学会改变、学会反思

在游戏过程中,教师的角色不仅是观察者,更是引导者和反思者。面对幼儿在游戏中的不同表现和反应,教师需要不断调整自己的指导策略,以适应幼儿的学习需求。例如当幼儿在游戏中遇到困难时,教师不应直接给出答案,而应引导幼儿通过观察、思考和尝试,自己找到解决问题的方法。这种教学方式不仅能培养幼儿的独立思考能力,也能促使教师在实践中不断学习和成长。

同时,教师还要学会反思。每次游戏结束后,教师都应回顾游戏过程,思考自己的指导策略是否得当,以及如何改进。通过反思,教师可以更加深入地理解幼儿的学习方式和需求,从而在未来的游戏中提供更加有效的支持。

中班主题式结构游戏"船"

一、主题背景分析

（一）主题由来

随着"我在马路边"主题的开展，幼儿在对陆地上的交通工具有了初步了解后，逐渐对海洋上的交通工具——船产生了兴趣。他们经常携带各种轮船玩具、书本等到幼儿园，在自由活动时与同伴一起探讨船的各种功能。于是，主题式结构游戏"船"诞生了。

（二）幼儿已有经验分析

幼儿对轮船已有一定的生活经验。我们在与幼儿平时的交流中和倾听幼儿之间的交谈时，发现他们的爸爸妈妈会在节假日带他们去坐轮船，有的还去江浙一带坐过竹筏，部分男孩对航母等也有一定的了解。活动开始前，我们预设了船的组成（构造）、船的用途、船的种类及幼儿的疑问这几个方面并进行探讨。我们认为：幼儿对船的构造、船的用途等都有一定的经验，他们的疑问主要集中在"船为什么能浮起来？海洋生物为什么不会攻击船？"。为了更好地了解幼儿的兴趣，我们开展了一次问卷调查"我最喜欢的船"，根据幼儿的喜好，从快艇和航空母舰两类船舶出发，对他们好奇的问题进行深入的探究。就表现方式而言，对于航空母舰，幼儿非常感兴趣，尤其是男生，他们乐意用大型积木搭建，但是缺少相关的生活经验；对于快艇，女生更感兴趣，并且更倾向于用雪花片、乐高等积木搭建。我们还计划让幼儿针对如何使快艇浮起来、动起来等问题进行探索。

二、主题网络图

"船" 主题网络图（中班）

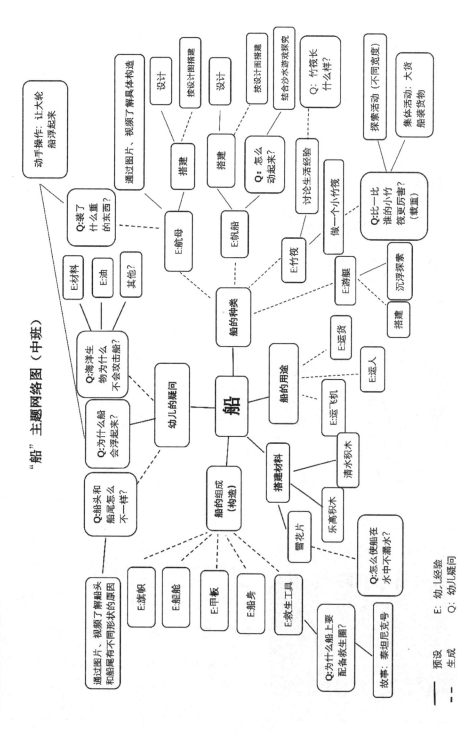

—— 预设
-- 生成

E: 幼儿经验
Q: 幼儿疑问

三、活动记录

名称和照片	观察和指导
活动名称 1：轮船开了 	**观察重点 1：**知道轮船的基本特征。 **支持策略 1：**引导幼儿欣赏故事《轮船开了》，仔细观察大轮船的构造和组成。 **观察重点 2：**用各种图形拼搭出轮船。 **支持策略 2：**通过作品比较和交流，引发同伴间互相讨论，进一步了解轮船上有什么。
活动名称 2：做个小竹筏 	**观察重点 1：**了解竹筏的制作过程。 **支持策略 1：**提供真实视频供幼儿欣赏，一边分步讲解，一边引导幼儿仔细观察。 **观察重点 2：**选择制作竹筏的材料。 **支持策略 2：**提供筷子、管道积木等材料，并引导幼儿尝试哪种材料可以浮在水面上。 **观察重点 3：**动手制作竹筏的步骤和方法。 **支持策略 3：**提供各种制作材料，如绳子、橡皮筋、扭扭棒、胶带等，并鼓励幼儿合作完成制作。
活动名称 3：大货船装货物 	**观察重点 1：**探索和感知船的载重与船的大小的关系。 **支持策略 1：**准备实验材料（大小不同的折纸船、盛水容器等），引导幼儿亲自尝试实验。 **观察重点 2：**分享交流过程中的疑问和问题解决方法。 **支持策略 2：**组织幼儿分享自己的实验结果，师生共同验证并交流。

续　表

名称和照片	观察和指导
活动名称 4：竹筏浮起来了 	**观察重点 1：** 寻找让竹筏浮起来的方法。 **支持策略 1：** 组织分享交流，开拓幼儿思维，共同解决竹筏无法浮起来的问题。 **观察重点 2：** 利用适宜的低结构材料解决问题。 **支持策略 2：** 共同收集泡沫塑料、扭扭棒等材料，满足幼儿的探索需要。
活动名称 5：不一样宽的竹筏 	**观察重点 1：** 用不同种类的积木搭建竹筏。 **支持策略 1：** 组织幼儿分组搭建不同宽度的竹筏。 **观察重点 2：** 探究竹筏的宽度与载重的关系。 **支持策略 2：** 提供实验环境，引导幼儿进行实验结果记录，并组织经验分享。
活动名称 6：设计帆船 	**观察重点 1：** 了解帆船的组成和特点。 **支持策略 1：** 提供各种帆船的照片，结合幼儿的已有经验，组织幼儿探讨帆船的最大特点——船帆。 **观察重点 2：** 帆船设计图中的细节体现。 **支持策略 2：** 通过提问，引导幼儿画一画帆船的设计图。
活动名称 7：制作帆船 	**观察重点 1：** 选择合适的建构材料及辅助物、替代物等搭建帆船。 **支持策略 1：** 提供各种材料，如乐高、无纺布、超轻黏土、塑封纸、打孔机等。 **观察重点 2：** 建构的帆船能否浮在水面上。 **支持策略 2：** 提供环境支持，利用盥洗室作为实验区，引导幼儿亲身尝试探索。

续　表

名称和照片	观察和指导
活动名称 8：帆船动起来了 	**观察重点 1**：理解帆船能动起来的原因(有风吹帆)。 **支持策略 1**：提供视频，引导幼儿仔细观察，通过提出重点问题，让幼儿理解帆船动起来的原因。 **观察重点 2**：探索让帆船动起来的不同方法。 **支持策略 2**：引导幼儿根据设计图做出帆船，并提供扇子让幼儿去沙水区实验，加深体验。
活动名称 9：大轮船太重了 	**观察重点 1**：探究能让重量大的船浮起来的方法。 **支持策略 1**：通过回顾戴游泳圈游泳的经验，引导幼儿进行知识迁移，思考让大船浮起来的方法。 **观察重点 2**：幼儿探究验证时选用的不同材料。 **支持策略 2**：提供 KT 板、塑料瓶等材料，满足幼儿探索的需要。

四、经验总结

　　问题解决是指幼儿通过自身解决当下所面临问题的行为过程，其中包含一定的思维活动和具体操作。它强调的是幼儿在面对问题时，通过某一具体行动或者某种方式解决问题的过程。主题式结构游戏并不仅仅是单纯地运用积木进行搭建的活动，而是围绕主题课程目标，师幼共同运用多样化的形式开展的各种活动，可以促进幼儿获得相关的主题经验。

　　本次我们开展的主题式结构游戏是通过观察在整个游戏过程中幼儿出现的问题情境并记录下来，以研究在主题式结构游戏中幼儿遇到的问题及相应的解决方式，并反思如何更好地促进幼儿问题解决能力的提升。

（一）建构过程中的解决问题

1. 目标计划问题

在幼儿的建构活动中,目标问题不仅是指活动开始时幼儿需要明确一个搭建主题,即要"搭什么",也是指在建构过程中,幼儿能否实施目标计划。在主题式结构游戏中,目标往往已经明确,但是如何在整个过程中按照自己设定的目标计划来实施,对中班幼儿来说是个不小的任务。

【案例一】航空母舰的搭建

对航空母舰表现出浓厚兴趣的四名幼儿通过视频、照片等形式对航空母舰有一定了解以后共同协商,决定用教室中的清水木制积木搭建一艘巨大的航空母舰。

镜头一：画步骤图

在建构游戏开始前,他们和教师围坐在一起,通过观察航空母舰大海报,计划着从底部往上搭建,并用图画的方式画出步骤图。教师说:"你看,要搭建一艘航空母舰,第一步要搭什么?"孩子们异口同声地回答道:"船底。"教师问:"船底怎么搭呢?"在讨论过程中,教师请杨杨拿来几块木制积木,孩子们开始摆弄起积木,最后决定用长条形和长方形块状积木搭建船底。通过讨论,孩子们将航空母舰分为四步进行搭建:船底、船身、甲板、船舱,最后挂上五星红旗。于是,教师将孩子们画的步骤图贴在建构区的墙上,孩子们开始搭建。

镜头二：开始建构

孩子们将长短不一的长条积木和块状积木铺成一个大长方形。然后,杨杨用拱形积木在长方形积木周围搭建起船身。这时候,斌斌拿出大三角立体积木(屋顶),把它放在大长方形上的中部位置后说:"这个是船舱!"欣然说:"不对,下面要搭高一点。"只见他拿了长条积木,把它竖起来搭成支柱,让斌斌在支柱上面放上屋顶。两人开心地说:"船舱太小了,要搭大一点。"杨杨看见后,也加入了他们。

镜头三：教师引导

教师走过去,问孩子们:"你们搭得怎么样了?"斌斌说:"老师你看,我们要搭一个很大的船舱。"教师说:"哇! 不错啊,搭建船舱是第几步呀?"孩子们同时看了看贴在墙上的步骤图,欣然说:"我们还没搭船身呢!"杨杨说:"搭船舱是第四步呀。"斌斌说:"要先搭船身的。"于是,孩子们开始动手拆船舱,在长方形船底周围开始搭建船身。

分析：

在设计环节的整个过程中，幼儿都非常专注投入。在教师的引导下，幼儿能够根据自己观察到的航空母舰海报，从底部往上将搭建步骤分为四步。但在实施过程中，幼儿却将步骤图抛到脑后，即使个别幼儿有潜在的计划实施意识，但也非常容易受到干扰。对于中班幼儿，其行为具有一定的有意性和目的性，但由于其年龄特征及个体差异等因素，幼儿对预设目标和计划缺少坚持性。在主题式结构游戏中，教师经过仔细观察，可以通过多次引导性的提问提醒幼儿回到预设目标和计划中。不仅如此，教师也可以结合一日生活的各个环节，渗透计划性思维，不断提高幼儿在预设目标实施过程中的坚持性。

2. 搭建问题

搭建问题是指在建构活动中，幼儿进入活动状态后，在搭建过程中所产生的一系列问题。中班幼儿的思维处在直觉形象思维阶段，抽象思维开始发展。通过建构材料进行塑形，对不同幼儿来说难易程度不同，而且幼儿对建构方法掌握的不足使他们在建构过程中会遇到无法搭建的问题。比如幼儿在活动过程中常常会遇到活动材料和理想状态不匹配的现象，包括活动材料在数量上不够充足等。这些问题都在考验幼儿解决问题的能力。

【案例二】航空母舰的甲板

镜头一：甲板的材料

"航空母舰组"的四名幼儿根据自己的计划步骤图，已经搭建完成船身。欣然指着步骤图说："我们开始搭甲板吧！"斌斌拿来了一根长条积木，比画了几次，发现长条积木太短了，说："这个太短了。"杨杨听见后，去翻了翻旁边教师事先提供的材料箱，拿出了一根长条形硬纸板条说："这个可以！"说着，他将长条形的纸板条横架在船身（壁）上。这时候，欣然从材料箱中拿出了两块地垫，说："这个可以当甲板。"于是，孩子们将三块地垫拼成了一个长方形，试图放在船身上，可是地垫连接处凹陷了下去，甲板没有搭建成功。

镜头二：甲板的支柱

孩子们将地垫放在一旁，欣然说："我们要在中间搭几根柱子，这样甲板就不会塌下去了。"于是，他们又找了几根长条积木，竖着放在船体中间。斌斌和欣然把放在一边的三块地垫轻轻地架在支柱上，欣然说："下面有好几根柱子倒了。"杨杨说："我知道，一根不够。"于是，他们又将地垫拿开，修建起支柱来。他们将三四根长条形积木排放在一起，让支柱变得更粗。不一会儿，中间的所有支柱都变粗了。

最后,孩子们将地垫再一次放在支柱上,终于,甲板搭建成功了。

镜头三:甲板不平衡

甲板搭建完成后,孩子们开始在甲板上搭建船舱了。通过几次尝试,孩子们发现,继续用木制积木在地垫甲板上搭建船舱有很大难度。欣然说:"船舱搭不起来,老是倒塌。"杨杨说:"甲板不平,是斜的。"斌斌说:"用纸杯来搭船舱。"孩子们意见不统一。这时候,睿睿问教师:"老师,这个甲板不平,有没有尺子,我们量一量高低。"教师拿来了长尺子,问孩子们:"尺子怎么量高低呀?"欣然说:"有了!把甲板拆掉,量一量船身哪边高就可以了。"于是,几个孩子又一次把地垫拿开,把倒塌的支柱重新竖起来。两个孩子将尺子水平横放在船身上,用肉眼观察发现左边的船身低,便加了几块积木。多次比画后,欣然说:"好了,这次应该可以了。"于是,孩子们又一次将地垫在甲板上铺好。他们又开始用木制积木在甲板上搭建船舱,可木制积木还是不够稳固,杨杨说:"用纸杯吧。"最后,他们用纸杯当支柱,用正方形硬纸板当屋顶,船舱就这样搭好了。

分析:

在整个航空母舰的建构过程中,幼儿遇到了许多需要解决的问题。首先是材料问题,当幼儿发现没有匹配的积木可以做甲板时,就想办法解决,他们使用了代替物来解决。其次是支撑问题和连接问题,在搭建过程中,幼儿要思考如何保持搭建物不倒塌,他们想到了调整材料轻重、保持左右高低平衡、测量高低等一系列解决问题的策略,真正锻炼了独立思考、解决问题的能力。但是由于该年龄阶段幼儿的认知水平有限,有些问题并没有得到真正的解决。比如幼儿并没有真正认识到用尺子或者借助其他物体测量物体表面是否水平的方法。教师在这方面要抓住教育契机,寻找适合中班幼儿年龄特点的方法,针对不同幼儿的个体差异,设计合理有趣的活动,进一步支持和促进幼儿的深度学习。

(二)探究过程中的解决问题

主题式结构游戏不仅仅是搭建活动,同时也渗透了探究活动。在"快艇组"的各种活动中,针对幼儿的兴趣和探究的需要,教师鼓励幼儿自主探索"如何使自己搭建的快艇浮起来"的任务,并通过支持幼儿的自主尝试和探索,促进幼儿发现问题和解决问题能力的发展。

【案例三】快艇

镜头一:快艇沉下去了

溪语拿出上次搭建完成的快艇,笑着对旁边的伙伴说:"我的快艇完成了。"旁边的司语说："它能开起来吗？"溪语说："当然可以啊！"于是，她对着教师说："老师，能不能把我的快艇放在水里？"教师说："可以呀！"于是，教师在一个空的积木桶里放满水，并对她说："好了，快试试。"这时候，其他幼儿也过来一起观看。溪语轻轻地将快艇放入水中，只见快艇一下子就沉下去了。她拿出快艇说："沉下去了。"其他幼儿也在一边说："你这个洞太大了。"教师问："那怎么办呢？有什么好办法呢？"溪语瞪大了双眼对教师说："我去拿吸管，把洞堵住。"于是，她去材料库拿来了各种各样的吸管，横竖摆放将船底的洞插满，又和小伙伴来到水桶旁，将插满吸管的快艇放入水中，快艇还是沉到了水底。到了游戏分享环节，师幼围坐下来开始分享自己的想法。

分析：

本次活动主要是让幼儿自主尝试，看一看自己搭建的快艇是否能在水中浮起来。中班幼儿对物体的沉浮缺乏经验，但在亲自实践和尝试中，他们通过仔细观察能分析出雪花片快艇沉下去的原因是"快艇身上有太多的洞"，于是就想出将洞堵住的办法。但是，使用吸管堵住洞的办法又体现出幼儿在解决问题时思维的局限性。针对这个问题，教师在分享交流中可以利用直观的视频、图片，引导幼儿想出其他封洞的办法，或者可以引导幼儿尝试用不同材质的积木搭建快艇，再次入水进行比较，分析得出问题的答案。

镜头二：快艇终于浮起来了

活动开始前，针对上次大家都很关心的"快艇沉下去"的问题，教师组织幼儿进行讨论。教师问："这艘快艇插入了吸管还是沉下去了，怎么回事呢？"溪语说："因为吸管吸水。"悦悦说："用透明胶包起来。"大家纷纷表示赞同。于是，教师拿出了胶带，拉开并给了溪语。溪语拉着悦悦说："悦悦，我们一起包吧。"于是，两个人开始包快艇。悦悦拿着船，溪语拉开塑封胶带开始包，但是并没有成功。溪语对教师说："老师，能帮帮我们吗？"教师点点头走过去，和她们一起将船底包好。溪语和悦悦来到水桶旁，将快艇轻轻放入水中，船一开始浮在水面上，但马上又慢慢沉了下去。悦悦说："还是沉下去了。"溪语拿出小船说："不行，旁边会进水，上面也要包起来。"她又叫上教师帮助她们把船身也包起来。包好后，教师问："这样可以吗？"溪语说："我们去试试。"于是，她拉着悦悦又把船放在水里。这次，船稳稳地浮在水面上。两人笑着让其他同伴一起来观看。

分析：

针对幼儿无法独立解决的问题，教师可以组织班级讨论，共同分析失败的原因,引导全体幼儿集思广益,思考解决问题的多种方法。幼儿在同伴的帮助下,更能激发出共同解决问题的兴趣和积极性。当幼儿在操作过程中遇到问题(无法独自完成包裹船底的任务)时,能够想到请求同伴的帮助,当同伴合作无法解决时,能请求教师的帮助,这说明幼儿主动解决问题的意识比较强。虽然将船底包起来后船还是沉下去了,但幼儿积极性不减,反而通过仔细观察,运用自己已有的经验想到了问题的关键所在(水会从旁边漏进去),并自行想到了解决问题的办法(将船身也包起来)。整个解决问题的过程,不仅积累了幼儿解决问题的经验,而且使幼儿的思维能力也得到了真正的锻炼。

(三) 主题后思考

1. 尊重幼儿,给予解决问题的空间

幼儿对问题有自己独特的解决方式,他们能够在没有教师介入的情况下自行解决问题。教师应该给予幼儿充分的时间和空间,相信他们能够解决问题。当然,由于幼儿的年龄特征,他们的认知能力有限,很多时候还是需要教师的引导。当幼儿遇到困难,通过多次尝试没有取得成功时,教师应抓住教育契机,合理介入。

2. 积累经验,提升解决问题的能力

在幼儿通过探索、思考和尝试,于主题式结构游戏中发现问题并寻求解决方案的过程中,教师需要给予适当的引导,帮助他们积累宝贵的经验。例如在搭建航空母舰的船身时,幼儿需要使用尺子来测量船身,确保两侧的高度一致,这时就会涉及"高"与"低"的比较。又如当幼儿发现支柱过细容易倒塌时,就需要运用"粗"与"细"的概念。在这些关键时刻,教师应及时帮助幼儿进行归纳和总结,为他们今后提升解决问题的能力奠定坚实的基础。

3. 鼓励支持,拥有解决问题的能力

在主题式结构游戏中,幼儿经常会遇到各种困难和问题。教师容易凭借自身经验,对事情的结果做出评定,虽出于好心,却阻碍了幼儿参与到游戏中。比如在"快艇组"幼儿需要用塑封胶带和剪刀包裹船身时,教师容易出现不够信任幼儿能做好或者缺乏一定的耐心而一手包办等行为,这样会使幼儿失去一次自己尝试的机会。我们应该在确保幼儿安全的前提下,鼓励他们勇敢面对困难,迎难而上。这不仅是培养他们解决问题能力的必要途径,也是让他们学会面对挑战的重要方式。

中班主题式结构游戏"常用的工具"

一、主题背景分析

（一）主题由来

工具广泛存在于生活及各行各业中。对中班幼儿来说，他们的生活周围也充满了各种各样的工具。有一次，一名幼儿偶然产生疑问：坐着的椅子怎么不稳了？于是，他将椅子放倒，发现原来是椅腿下面的螺丝掉了。接着，孩子们讨论如何进行维修，引发了对工具的思考与兴趣。在每日照顾植物角时，孩子们发现照顾植物也需要工具，从而意识到了工具与我们生活之间的联系。我们发现这是个好机会，于是，"常用的工具"由此展开。

（二）幼儿已有经验分析

在生活中，幼儿对各种工具的用途和使用方法有一定的了解。他们也会遇到相关的问题，例如如何安全地使用剪刀？如何用尺子进行简单的测量？如何用画笔表达自己的想法？照料种植园的植物需要用到哪些工具？

二、主题网络图

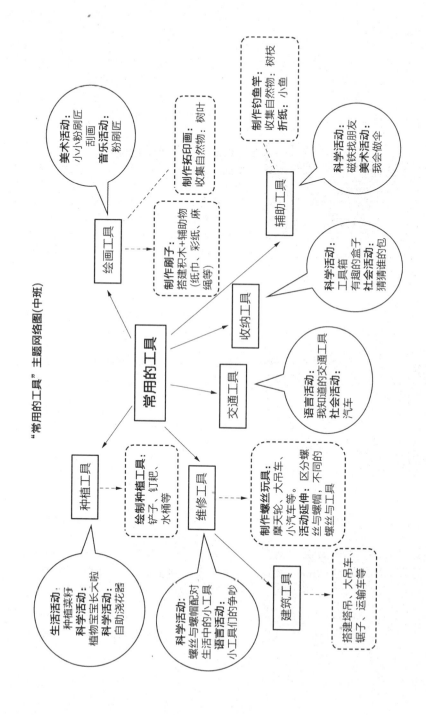

"常用的工具" 主题网络图（中班）

常用的工具

绘画工具
- 美术活动：小小粉刷匠 刮画
- 音乐活动：粉刷匠
- 制作拓印画：收集自然物：树叶
- 制作刷子：搭建积木+辅助物（纸巾、彩纸、麻绳等）

辅助工具
- 制作钓鱼竿：收集自然物：树枝 折纸：小鱼
- 科学活动：磁铁找朋友 美术活动：我会做伞

收纳工具
- 科学活动：工具箱 有趣的盒子 社会活动：猜猜谁的包

交通工具
- 语言活动：我知道的交通工具 社会活动：汽车

种植工具
- 生活活动：种植菜籽 科学活动：植物宝宝长大啦 科学活动：自助浇花器
- 绘制种植工具：铲子、钉耙、水桶等

维修工具
- 制作螺丝玩具：摩天轮，大吊车，小汽车等。活动延伸：丝与螺帽 螺丝与螺帽 区分螺丝，不同的螺丝与工具
- 科学活动：螺丝与螺帽配对 生活中的小工具 语言活动：小工具们的争吵

建筑工具
- 搭建塔吊，大吊车，锯子、运输车等

三、活动记录

名称和照片	观察和指导
活动名称 1：种植工具 	**观察重点 1：** 幼儿搭建种植的工具。 **支持策略 1：** 参观植物角与种植园地，开展生活活动及科学活动。 **观察重点 2：** 幼儿搭建作品与实物工具的相似性。 **支持策略 2：** 通过作品比较，引发同伴质疑。 **观察重点 3：** 幼儿对种植工具的了解与使用。 **支持策略 3：** 提供建构材料，让幼儿发挥想象力。
活动名称 2：维修工具 	**观察重点 1：** 幼儿搭建维修工具时的问题意识。 **支持策略 1：** 收集维修工具，开展"不一样的螺丝""小工具们的争吵"集体教学活动。 **观察重点 2：** 幼儿在创意搭建过程中的思考方法。 **支持策略 2：** 提供辅助材料，鼓励幼儿将搭建过程中的问题进行记录。
活动名称 3：建筑工具 	**观察重点 1：** 幼儿对建筑工具的了解情况。 **支持策略 1：** 组织幼儿参观建筑工地，提供现场图片，引发幼儿思考。 **观察重点 2：** 幼儿使用不同积木进行搭建的情况。 **支持策略 2：** 组织幼儿分享讨论搭建方法。

名称和照片	观察和指导
活动名称 4：交通工具 	**观察重点 1**：幼儿搭建过程中解决问题的方法。 **支持策略 1**：记录幼儿的问题，提供相应的材料。 **观察重点 2**：幼儿对交通工具的喜好及了解程度。 **支持策略 2**：组织绘画活动，让幼儿将自己的发现画下来，与同伴交流分享。
活动名称 5：自助浇花器 	**观察重点 1**：幼儿如何发现管道积木不同的连接方式与水流大小之间的关系。 **支持策略 1**：通过记录纸的呈现，帮助幼儿回忆。 **观察重点 2**：幼儿对自助浇花器的使用情况。 **支持策略 2**：引导幼儿观察、对比不同浇花器之间的区别。 **观察重点 3**：观察自助浇花器在植物园中的使用情况。 **支持策略 3**：通过视频引导幼儿发现问题，并提出调整策略。
活动名称 6：为小动物造房子 	**观察重点 1**：幼儿使用不同材料的情况。 **支持策略 1**：提供各种长度的筷子、吸管、超轻黏土、橡皮泥、固体胶等。 **观察重点 2**：幼儿为小动物建造的大小合适的房子。 **支持策略 2**：引导幼儿通过记录的方式先想后做，运用记录纸回顾已有经验，找到解决问题的方法。

续 表

名称和照片	观察和指导
活动名称7：钓鱼工具 	**观察重点1：**幼儿选择材料制作钓鱼工具的情况。 **支持策略1：**鼓励幼儿使用材料库里的材料。 **观察重点2：**幼儿在使用钓鱼工具进行游戏的过程中，发现问题、解决问题的情况。 **支持策略2：**通过视频，帮助幼儿进行回顾，在分享中，讨论解决问题的方法。
活动名称8：小车开起来 	**观察重点1：**幼儿使用积木搭建小车的情况。 **支持策略1：**引导幼儿观察车的结构，通过颜色表现车的不同部分。 **观察重点2：**幼儿操作小车进行游戏的情况。 **支持策略2：**通过问题"如何让小车开起来"，引发幼儿思考。 **观察重点3：**幼儿使用辅助材料让小车开起来的过程。 **支持策略3：**通过观察玩具小车，积累经验。

四、经验总结

　　主题式结构游戏是教师基于幼儿的兴趣和需要，与幼儿共同选择适宜的主题，并在观察幼儿游戏的过程中提供必要的支持以助推幼儿游戏的发展的活动。深度学习是幼儿发现问题，不断联系旧经验，在实践中形成新经验，最后解决问题的过程，具有主动性、坚持性、挑战性等特点。然而，幼儿在主题式结构游戏开展的过程中，需要教师持续观察，发现幼儿在游戏中的需要并及时提供帮助，有效助推幼儿进行深度学习。

（一）环境的创设、调整与优化

物质环境的创设对幼儿在主题式结构游戏中的深度学习起到了至关重要的作用。材料是否充足？是否具有探究性？游戏场地的大小及游戏时间的长短是否能满足幼儿的探究需求？这些都是需要讨论的话题。

1. 材料种类从单一到丰富

根据材料在游戏中指向性强度的不同，可以将材料划分为高结构材料与低结构材料。传统结构游戏与主题式结构游戏尽管都以低结构材料为主，但是在种类上有一定区别。

结构游戏	主题式结构游戏（以"常见的用具"为例）
以结构材料为主，如乐高、小嘟嘟、管道积木、雪花片等 以少量低结构材料为辅，如纸箱、纸盒、罐子等	结构材料：乐高、管道积木、小嘟嘟、雪花片等 低结构材料： （1）美工材料：纸、记号笔、蜡笔、彩笔、固体胶、双面胶、透明胶、扭扭棒等 （2）个性化的结构材料：可连接的塑料软棒等 （3）自然材料：木棒、螺丝、螺帽、维修工具等 （4）废旧材料：筷子、瓶子、纸箱、瓶罐等

在这些低结构材料中，除了结构材料外，还有一些材料的适用性广，能运用于各个主题游戏中。如美工材料，幼儿需要使用纸、记号笔制订计划；在将纸板延长时，双面胶、透明胶等用于连接、贴合。

材料的投放也并非都是事先准备、一成不变的，而是需要根据幼儿的学习需求不断调整与补充。比如孩子们发现椅腿上掉下了一颗螺丝，想尝试将螺丝重新固定上去，那么就需要使用螺丝刀。当教师了解到幼儿的需求后，就需要提供满足幼儿操作的材料。

2. 材料组合从简单到复杂

《儿童环境规划》一书首次提出了简单材料和复杂材料的概念。在提及游戏材料时，它描述了简单的单元、复杂的单元和超级单元这三个概念。从实践角度来看，不同的游戏材料有不同的吸引力，可以维持幼儿操作的兴趣。

一个简单的单元包括一种操作材料，一个复杂的单元包括两种不同的材料，一个超级单元包括三种以上不同的材料。

例如在搭建黄瓜架的过程中，材料从简单的几根竹竿变成复杂的游戏材料单元，随着材料组合的不断丰富，幼儿的学习行为不断出现。

材料的复杂性	简单单元	复杂单元	超级单元
提供的材料	竹竿	竹竿、一块种有黄瓜的土地	竹竿、一块种有黄瓜的土地、塑料软棒、扭扭棒、塑料扣条、水
学习行为	没有产生；玩耍竹竿	土壤干湿度与竹竿插入难度之间的关系；竹竿插入泥土的深度与黄瓜架牢固度之间的关系	通过调整土壤干湿度，降低竹竿插入的难度；使用塑料软棒，选择适宜的连接工具将竹竿延长，让黄瓜藤进行攀爬；黄瓜藤的攀爬方向与竹竿长短之间的关系

3. 空间从室内走向户外

除了室内，户外同样是幼儿游戏和学习的空间。在户外，孩子们与环境互动的空间更大。自然界中蕴含着许多探究内容，孩子们在游戏中自然而然地就会去发现。在教师的充分肯定与支持下，孩子们的学习更为积极、主动与大胆。

以"常用的工具"中的"自助浇花器"为例，游戏场地从室内走向户外，场地的变化给幼儿带来了全新的体验。

自然角已经初步创设完毕，孩子们轮流做值日生。他们自己制订照顾计划，有的负责松土，有的浇水，有的处理枯叶。孩子们在为植物浇水的过程中，发现问题——勺子太小，植物多，浇水要花较长时间。孩子们回忆生活中的旧知识，尝试将其作为解决问题的方法。

【案例一】为植物浇水引发的思考

孩子们用一个小勺子取水，再一勺一勺地为植物浇水。然而植物角里的植物太多了，勺子又小，每一次浇水都要花很长时间，有时还会漏掉。

于是，孩子们开始了一场讨论。

"取水的勺子太小了，我给青菜浇水要浇好几勺子。"

"那勺子大点不就可以了吗？"

"我们植物角里的植物太多了，即使用大勺子，也要一个个浇过去。"

"如果发明一种自助浇花器就好了。"

"自助浇花器？我摘草莓的时候看到过，就是在地上放一根管子，管子上有洞洞，水就能从这个洞洞里出来。"

"如果我们也有这样的自助浇花器就好了。"

孩子们在材料库中挑选适宜做水管的材料，最终他们选择了塑料管道积木。孩子们运用搭建管道积木的已有经验，进行制作自助浇花器的初尝试。

【案例二】管道积木做水管

孩子们将管道积木进行横向延长，不仅使用了直通管，还运用了三通管和四通管作为入水口及纵向连接的端口。

很快，自助浇花器就完成了。他们迫不及待地实验了起来。

孩子们将水倒入上端的一个进水口，水哗哗地流入了青菜盆里。

"哇，成功了！水流到青菜盆里去了。"

教师竖起了大拇指，肯定他们的大胆尝试，也共鸣于他们获得成功后的喜悦。

"如果能让更多的出水口同时出水就好了！"教师提出了更高的期许。

"我有办法，我知道怎么做！"只见一个孩子拿回浇花器，又开始调整了起来。

在孩子们一次次的调整中，自助浇花器逐渐实现了它的功能。在种植园户外游戏中，孩子们要给刀豆浇水。原本他们拿着勺子一勺勺从桶里取水，可是舀着舀着，他们有了大胆的设想。

【案例三】自助浇花器的户外新用法

嘟嘟将搭好的一根长长的自助浇花器套在杆子上，将浇花器支撑了起来。

"乔乔，你快去开水龙头。"他迫不及待地想看通水后的效果。

乔乔打开了水阀，可是水龙头管子太短了，没有办法将水引入浇花器里。

嘟嘟立刻想到了水管材料，找来后连接在了水龙头管子上。

水阀再次开启，但是水管很快就断开了连接。

"这根管子不行，这个口子太大了，水龙头管子都掉出来了。"嘟嘟看了看说道。

"还有几根细一点的。"说完，乔乔就赶紧把细管子找了出来。

水阀第三次被打开，水终于被引入了浇花器。

看着水自动流出，渐渐沥沥浇在刀豆上，孩子们欢呼了起来。

从为植物浇水产生的思考到制作自助浇花器，再到户外使用浇花器，孩子们与管道积木材料的互动兴趣并没有随着时间的推移而有所消减，反而在空间变化后发现了更有趣的内容。宽敞的菜园扩大了活动区域，让孩子们的游戏热情有了更大的空间去释放。户外水龙头的出现立刻让浇花器有了更大的用武之地，孩子们通过一步步调整，让玩具管道积木变成了货真价实的工具。

4. 时间运用从点到面

教师应将日常生活中的每个细节都看作激发幼儿好奇心、培养其问题意识和解决问题能力的机会，而不是仅仅依赖游戏时间。例如当幼儿在连接木棒和积木遇到困难时，教师可以在入园活动、自由活动中引导孩子们一起研究双面胶、宽胶带和固体胶的黏性及适用范围的差异；当幼儿需要展示自己的作品时，教师应鼓励他们自己动手粘贴；在雨后散步时，如果孩子们发现了蜗牛，教师可以将蜗牛带回教室，让他们进行更深入的观察。

（二）经验的收集、呈现与分享

1. 多途径收集，丰富认知经验

（1）发放调查表，拉开主题序幕

我们根据幼儿的兴趣点及已有经验确定主题"常用的工具"，发放调查表以了解幼儿对工具的认识，为主题式结构游戏下一步的开展拉开序幕。通过调查表上的信息反馈，我们发现孩子们对工具种类的经验主要落在维修工具上，如扳手、榔头、锤子、钉子、螺丝等物品。

（2）共同收集与制作，为主题开展蓄力

我们开展家园合作，与幼儿共同收集各种尺寸的扳手、螺丝、螺母。通过观察、比较，幼儿发现螺丝和螺帽的大小、长短、直径都是不同的，每一个型号的螺丝都有其对应的螺母，随意匹配是无法紧扣的。幼儿在自主安装从椅脚上掉下来的螺丝的过程中，也有了许多发现：螺丝上的六角孔需要找到对应尺寸的扳手才能旋动，而且L形的扳手有两条边，使用不同的边进行旋动，消耗的力气是不同的。

我们将幼儿在主题式结构游戏中的兴趣点与家长分享，建议家长可以通过亲子互动的方式和孩子一起拆装家里的玩具或小家具，在丰富幼儿主题经验的同时，提高幼儿动手操作的能力。

（3）机动收集信息，支持深度发展

在为黄瓜搭建好简易的竹竿架后，一名细心的幼儿发现黄瓜藤没有足够高的竹竿帮助它们攀爬生长。为了让黄瓜能顺利地向上生长，他们提出了搭建黄瓜棚的建议。于是，"怎么搭"又成了新的问题。

在解决"怎么搭"的过程中，教师始终处于放手状态。幼儿回家后，通过网络查询、与父母对话的方式收集信息。第二天，幼儿运用照片、绘画的形式将他们的好方法与教师、同伴分享。

2. 多形式展示，呈现过程性学习

（1）合理规划结构展示区域

主题式结构游戏展示区是幼儿分享主题经验的载体，能为幼儿提供讨论、交流的机会。在每个班的教室中，展示区分为地面、墙面和柜面。

地面展示区摆放的是大块、可拼接的塑胶地垫。为了让幼儿自主观察、取放、建构，地垫的形状也会随之改变，如C字形、H字形等。不同的区域分别呈现幼儿的最终作品及半成品。墙面的主要功能为表征，可以展示调查表、幼儿搜集来的信息，也可以展示幼儿用绘画的形式记录自己或与同伴发现问题、解决问题的过程。我们将幼儿的发现粘贴在纸板上，然后使用挂钩进行固定，幼儿根据需要可自由取放。

（2）运用多媒体技术进行客观记录

幼儿在不同阶段的学习收获可以用照片的形式进行呈现。为了再现幼儿的真实想法，我们将观察到的主要内容用关键字为相应的照片命名，照片打印后贴在墙面上，供幼儿观察与反思，从中梳理成功的经验或讨论失败的原因。

我们还用视频的方式记录幼儿从游戏开始到结束的每一个环节。这些视频信息不仅为教师在活动后的复盘提供了有利的素材，同时也能运用于幼儿之间的交流分享。

3. 多样态分享，推进幼儿充分发展

游戏后的集体分享不仅能支持幼儿自由表达，产生共享经验，也能为教师进一步了解幼儿以推进其发展提供机会。

上海市教委教研室徐则民老师曾提出游戏后集体分享交流的四种样态。样态一是教师为多名幼儿提供讲述的机会，鼓励幼儿描述游戏中和谁玩，以及玩的内容、过程、感受等，主要是叙事性讲述；样态二是教师与幼儿深入某一点游戏内容开展讨论；样态三是教师提供游戏过程中的照片和视频，鼓励幼儿回忆游戏经历，充分讨论游戏成功（或未成功）的因素；样态四是教师主动提出讨论话题，和幼儿一起讨论，但这个话题未必是游戏中幼儿认识到的问题。

集体交流分享是一个共享、共鸣、共建的师幼互动及生生互动过程。无论使用哪一种方式，游戏后集体分享对幼儿的能力都有一定程度的提升。教师要始终保持勤于反思的教学态度，并在反复实践中积累经验。

幼儿在主题式结构游戏中进行深度学习时，教师应重点关注幼儿在游戏中的内在感受与情感体验，帮助他们建构对自身的认识和认同，并让他们通过不断反思与实践，自主形成对周围事物的理解。

大班主题式结构游戏"游乐园"

一、主题背景分析

（一）主题由来

游乐园是小朋友们最喜爱的场所之一。在日常的自由活动中，幼儿总是会聊到周末父母带自己去哪里玩、玩了些什么，并乐此不疲地讨论这些项目的好玩之处在哪里、是如何玩的……其他幼儿也会聆听得十分认真，纷纷表示向往。在游戏期间，他们也会自行搭建游乐园或在角色空白区自行开展相关角色游戏。于是，我们问幼儿是否想要了解更多关于游乐园的事情，以及玩一玩这些娱乐项目，他们争先恐后地表示想要。由此，我们结合幼儿的兴趣，开展了主题式结构游戏"游乐园"。

（二）幼儿已有经验分析

幼儿对游乐园有充分的生活经验。我们通过日常与幼儿的交谈了解到，儿童乐园、亲子乐园、迪士尼等，父母或多或少都有带他们去体验过，由此，他们对游乐园的一些基本项目有自己的喜好，且对游乐园有基本的认识。他们喜欢玩的项目有蜂蜜罐头、碰碰车、滑滑梯、游览车、沙区等，但碍于身高限制，部分项目尚未体验。久而久之，家长与他们一起玩耍的时候会下意识地略过这些项目，而去玩其他项目。

二、主题网络图

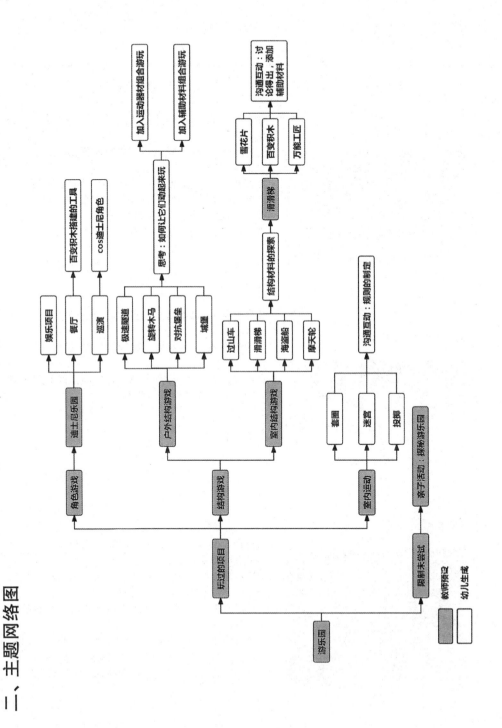

三、活动记录

名称和照片	观察和指导
活动名称1：旋转木马 	**观察重点1**：观察幼儿运用运动器材与积木组合游玩的情况。 **支持策略1**：教师提供运动器材圆形滑板车供幼儿想象，实现游乐设施玩起来。 **观察重点2**：观察幼儿对旋转木马特性的了解情况。 **支持策略2**：鼓励幼儿与家长在空余时间到游乐园观察或游玩旋转木马，了解其特性。 **观察重点3**：观察幼儿在搭建过程中解决问题的情况及与小组成员沟通的情况。 **支持策略3**：幼儿在搭建过程中遇到问题时，教师适当介入，引导幼儿解决较为有争议的问题。
活动名称2：极速隧道 	**观察重点1**：观察幼儿在搭建隧道过程中材料的选择情况。 **支持策略1**：教师对幼儿改变材料搭建给予适当的引导并进行鼓励。 **观察重点2**：观察幼儿穿越搭建的隧道时自身保护的情况，是否有戴上安全帽和手套。 **支持策略2**：教师在幼儿搭建及游戏的过程中都提供手套和安全帽，起到保护作用，防止幼儿受伤。 **观察重点3**：观察幼儿在利用圆形滑板车穿越隧道时的动作，以及穿越途中遇到的问题。 **支持策略3**：教师组织讨论，让幼儿互相寻找问题，互相辩论，提出改进建议。
活动名称3：城堡 	**观察重点1**：观察幼儿在搭建城堡的过程中与其他小组成员沟通交流的情况。 **支持策略1**：教师鼓励每个小组选出一名小队长来分配任务，沟通交流，一起搭建。 **观察重点2**：观察幼儿在搭建城堡装饰时材料的选择情况。 **支持策略2**：教师提供一些水瓶，让幼儿自主在水瓶上作画后用于装饰自己搭建的建筑，并鼓励幼儿寻找自然中的材料装饰自己的作品，如树叶、花朵等。

续　表

名称和照片	观察和指导
活动名称 4：迪士尼乐园 	**观察重点 1**：观察幼儿游玩时遵守游戏规则的情况。 **支持策略 1**：教师准备一些迪士尼头饰供幼儿使用，让幼儿更有兴趣参与游戏。 **观察重点 2**：观察幼儿游玩时的情绪体验。 **支持策略 2**：鼓励幼儿多人合作一起参与游戏，让幼儿体验到团队游戏的快乐。
活动名称 5：花车巡演 	**观察重点 1**：观察幼儿在开展巡演活动中，观众与演员的互动交流情况。 **支持策略 1**：鼓励幼儿在游戏中穿上已有的巡演服饰，让游戏更有趣。 **观察重点 2**：观察幼儿对巡演活动的了解情况。 **支持策略 2**：教师准备视频资料供幼儿观察学习巡演活动，增加幼儿的经验。
活动名称 6：雪花片滑滑梯 	**观察重点 1**：观察幼儿选择用何种材料搭建滑梯，以及如何解决滑梯无法玩起来的问题。 **支持策略 1**：教师提供辅助材料帮助幼儿完成滑梯的搭建，使滑梯能够玩起来。 **观察重点 2**：观察幼儿对不同辅助材料的使用及游玩情况。 **支持策略 2**：教师准备双面胶、纸板等辅助材料供幼儿自主选择。

续　表

名称和照片	观察和指导
活动名称7：民间小游戏 	**观察重点1：**观察幼儿使用低结构材料自主组合建立玩法的情况。 **支持策略1：**教师提供纸、笔，引导幼儿将自己的所想先画下来以设计玩法，再通过同伴间的沟通、辩论落实玩法。 **观察重点2：**观察幼儿根据图纸，组合低结构材料进行游戏的情况。 **支持策略2：**教师鼓励幼儿运用多种材料搭建，搭建完成后集体观摩玩法的可行性。
活动名称8：迷宫 	**观察重点1：**观察幼儿在设计迷宫时与同伴的交流情况，以及积木的选择。 **支持策略1：**教师提供纸张，让幼儿提前制作好迷宫图纸。 **观察重点2：**观察幼儿根据设计图，讨论、合作搭建的情况。 **支持策略2：**游戏结束后，教师请幼儿集中交流在游戏中遇到的问题，汇总幼儿建议，总结提炼经验。
活动名称9：户外滑滑梯 	**观察重点1：**观察幼儿根据设计图搭建的情况。 **支持策略1：**幼儿在搭建过程中遇到技术困难无法解决时，教师采用平行示范法，让幼儿在旁学习搭建。 **观察重点2：**观察幼儿在搭建滑滑梯时，如何使滑滑梯搭得更牢，即使小朋友站上去滑也不易倒塌。 **支持策略2：**让幼儿多渠道、多领域地搜集信息，思考怎样的搭建方式是最牢固的。 **观察重点3：**观察幼儿是否能在搭建完成后顺利滑下且保持滑滑梯不倒塌。 **支持策略3：**鼓励幼儿不断尝试，寻找倒塌原因。

名称和照片	观察和指导
活动名称 10：堡垒大作战 	**观察重点 1**：观察幼儿搭建堡垒的牢固程度,能否接受纸球投掷带来的冲击。 **支持策略 1**：在分享活动中,分享搭建技巧,如交叉向上垒高法等。 **观察重点 2**：观察幼儿在完成堡垒搭建后开展的游戏。 **支持策略 2**：根据幼儿自主开展的游戏,为他们提供纸球、沙包等,进行对战游戏。
活动名称 11：班级 logo 	**观察重点 1**：观察搭建过程中幼儿遇到的问题。 **支持策略 1**：在旁观察,当幼儿不断尝试还是无法成功时,教师及时介入,通过提问的方式引导他们完成搭建。 **观察重点 2**：幼儿进行 logo 搭建的目的,以及搭建成功后用于哪里。 **支持策略 2**：由室内挪至室外,充分给予幼儿发挥的空间。
活动名称 12：投投乐 	**观察重点 1**：观察幼儿讨论设计图的合理性及可行性。 **支持策略 1**：让幼儿收集信息,讨论搭建投投乐的可行性。 **观察重点 2**：观察幼儿在搭建过程中对设计图的实施程度。 **支持策略 2**：在分享活动中,分享搭建技巧,如镂空搭建法等。 **观察重点 3**：观察幼儿在游戏过程中发现始终无法将球投进后,采取了何种措施,以及问题是否得到了解决。 **支持策略 3**：利用分享环节,集合大家的力量,一起思考解决方案,从而增加项目的趣味性。

四、经验总结

主题式结构游戏是指在一段时间内围绕一个主题来开展的系列活动,其主题的确定是围绕师幼共同的兴趣点,其内容的选择是依据幼儿的经验、年龄特点和学前阶段课程的教育内容等。它始终围绕主题有机连接,与教师预设或幼儿生成相结合,使幼儿获得与主题相关的经验和能力,得到全面、均衡的发展。

交流是幼儿表达情感和意愿的桥梁。要想让幼儿身心健康地成长,加强和培养幼儿倾听交流的能力是至关重要的。而主题式结构游戏的主要特点是将结构游戏渗透到幼儿园一日活动中,打破领域之间的界限,将结构游戏创造性地融入幼儿的生活、运动、学习及其他各类游戏领域,大大增加幼儿沟通的机会,有助于其倾听与交流能力的发展。

(一)深入学习,延展经验链

为了更好地激发幼儿学习的内驱力,我们基于幼儿的经验,追随幼儿,顺应其兴趣,选择以游乐园为主题式结构游戏的主题。因为游乐园是小朋友们最喜爱的场所之一。在日常的自由活动中,幼儿总是会聊到周末父母带自己去哪里玩、玩了些什么,并乐此不疲地讨论这些项目的好玩之处在哪里、是如何玩的……其他幼儿也会聆听得十分认真,纷纷表示向往。幼儿对游乐园有充分的生活经验。我们通过日常与幼儿的交谈了解到,儿童乐园、亲子乐园、迪士尼等,父母或多或少都有带他们去体验过,由此开启了幼儿的深入探究之旅。

1. 认知经验

(1) 主题初探——信息收集

确定"游乐园"这个主题后,我们首先了解了幼儿对游乐园的认识,比如是否知道游乐园里有什么,以及最想玩的是什么,以此确定他们的兴趣点。其次,我们根据他们的需要预设活动。《幼儿园教育指导纲要(试行)》中指出:"幼儿的学习是以直接经验为基础,在游戏和日常生活中进行的。"因此,除了在园通过图片、视频等方式增加幼儿的经验外,我们还结合家庭,开展亲子活动,让家长带幼儿去不同的游乐园实际感受,获取相关经验。最后,我们让幼儿对自己最喜欢的项目进行绘制,结合他们的表征与分享,将其分成幼儿玩过的项目与未玩过的项目,并有目的地将其融入一日生活的各个领域,从而将教室演变为游乐园。

（2）细节疑惑——多领域信息整合

幼儿对周围事物与环境的创造或再现是主题式结构游戏开展的基础。对细节部位的表征,幼儿常常会因为观察不细致等产生分歧。因此,我们可以鼓励幼儿在活动开展前,对其做整体了解。

【案例一】

大家最喜欢的户外建构游戏又开始啦!轩轩、书书与曼曼相约一起合作完成隧道。他们拿着设计图,书书负责搬运积木,轩轩与曼曼负责建造隧道。没一会儿,一条笔直的隧道就这样建造完成了。成功后,他们在隧道内匍匐前进,比赛谁先爬到终点。其他小朋友看到隧道完成后,也纷纷过来表示想尝试玩一玩,可是由于玩法单一且枯燥,尝试过一次后,大部分幼儿便失去了兴趣,选择其他项目。

我们通过观察发现,幼儿具有较强的目标意识。在活动开始前,他们就开始与同伴商量搭建的内容及方法,并以设计图的方式进行表征。同时,他们能在搭建前进行合理分工,合作完成。

根据最后作品的呈现及幼儿的游戏情况能够发现,这个作品仅体现了外表的相似,无极速隧道的刺激感。因此,教师下一步可以引导幼儿继续寻找相关资料,丰富关于极速隧道的经验,支持他们进一步寻找探究的方向,如让这个隧道玩起来更有趣的方法。

2. 技能经验

（1）价值放大——活用交流评价

教师需要学会观察,捕捉幼儿在游戏过程中遇到的问题。可以将其通过视频或照片等形式,让幼儿在分享环节进行讨论,引导他们共同探索,寻找解决问题的办法。

【案例二】

宽宽和心心相约周末一起去游乐园玩耍。他们在游玩以后一致认为奔跑的小球是体验最棒的一个项目,并想在学校和其他小朋友一起玩一玩,于是,他们开始了设计,可在搭建过程中犯了难。怎样才能让小球顺利滚下而不脱离轨道呢?如何才能把螺旋楼梯搭得牢牢的,不让其倒下呢?宽宽与心心陷入了思考,随即进行讨论,相互沟通自己的想法,确认可行性后开展行动。

当心心和宽宽在游戏中遇到问题时,他们的第一反应并不是逃避问题,而是思考他们的项目是否可行。教师观察后,在交流评价环节,重点让宽宽与心心进行分享。

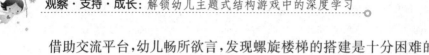

借助交流平台，幼儿畅所欲言，发现螺旋楼梯的搭建是十分困难的，需要寻找到平衡点。他们给出了各自的建议，如让一个人在旁边撑着，另一个人边搭边蹲下看楼梯有没有倾斜等，这体现了幼儿良好的倾听与交流能力。

（2）适当提醒——妙用问题引导

幼儿的深度学习离不开他们在游戏中遇到的问题。教师应巧妙捕捉问题所在，适时地以启发性、散发性、开放性的问题引发幼儿思考，从而支持幼儿的深度学习。

【案例三】

奔跑的小球终于搭建完成了，可当小球滚到旋转楼梯时，总会飞出楼梯。这该怎么办呢？宽宽提议在旋转楼梯的边缘处做个扶手挡住小球。但只要宽宽一放上积木，就会破坏旋转楼梯原有的平衡，立马倒塌。心心责怪宽宽没有叫她就把积木先放上去，应该让她扶一下，这样楼梯就不会倒了。说完，两人立马开始为旋转楼梯进行修复。可即使心心在旁扶着，旋转楼梯依旧倒了。看着他们陷入循环，教师问："你们在干什么呀？"心心说："我们在帮楼梯做扶手，挡住小球，不让它滚出去。"教师问："那成功了吗？"宽宽说："没有，只要这个积木放上去，即使我们扶着保持平衡也坚持不了多久，它一会儿就倒了。"教师问："那是什么原因导致它倒的呢？"心心说："肯定是平衡呀！因为放上积木以后两边不一样重了，所以会倒。"教师问："那怎么样才能不破坏它原来的平衡呢？"宽宽一拍脑袋说："对呀！因为积木太重了，放上去会控制不住。我们拿轻的东西挡在那里，肯定不会倒了！"他说完便进行了尝试。

在幼儿搭建的过程中，教师要关注他们遇到的问题，通过一系列的问题引导幼儿思考，鼓励他们大胆说出自己的想法并寻找解决问题的办法。在此基础上，教师还可以对幼儿提出适当的游戏挑战，保持幼儿对问题的持续关注与探索。当幼儿没有遇到问题时，教师可以抛出引发幼儿认知冲突的问题，启发他们思考、探索、积极尝试，促进他们的深度学习。

（二）创设环境，构建探索链

皮亚杰说过"儿童的智慧来源于操作"，而操作要借助环境及材料。多样化的材料能激发幼儿的兴趣及探究的欲望，是幼儿解决问题的重要媒介。

1. 投放材料

材料的有效投放既能促使幼儿积极互动，也能引发、支持与助推幼儿游戏。教师可根据不同材料的特性,有目的性、有针对性、有层次性地将材料投放于建构区,满足幼儿的发展需求。

（1）材料多样化——激发探索欲

通过观察幼儿户外建构游戏的开展,我们发现单一的建构材料很难触发其探索行为,促使其深度学习。开放性的材料能为幼儿提供探索和创造的空间,在很大程度上支持幼儿与材料进行良好互动,产生问题,从而使幼儿富有创造性地对材料进行联想、转化、迁移,在结构游戏中实现深度学习。因此,教师除了投放基本的低结构材料供幼儿展开想象外,还可以寻找特殊的运动器材,使之与幼儿的建构行为擦出不一样的火花。

【案例四】

又到了户外建构的时间。轩轩、书书与曼曼通过商量,决定继续建造隧道这个项目。建造完成后,初看依旧是上一次的样式,但这次他们不再只是匍匐前进,而是利用教师新投放的运动器材进行滑行。他们瞬间有了不一样的体验,其他来玩的幼儿也兴趣加倍。但趴在滑板上意味着高度有所增加,隧道口就不够大了。在滑行的过程中,如不注意,易将隧道击倒于身上。这该怎么办呢? 面对这个问题,轩轩、书书与曼曼各抒己见。轩轩说:"将隧道口上堆积的积木减少,这样万一撞倒也不会很疼,而且能很快放好继续玩。"曼曼建议直接将隧道口升高,这样一定不会倒在身上。书书听了,感觉大家的方法都很好。在讨论的过程中,轩轩与曼曼都坚持自己的想法并各自说明理由,可是谁都没能说服对方。最后,他们决定让教师来判断到底哪个方法更好。

材料投放的多样化让幼儿有了更多的奇思妙想。这一次,他们结合了生活经验,虽然隧道整体搭建并未有改变,但项目开始后,教师提供了运动器材——滑板,幼儿趴在上面,以手为支撑点及前进的动力,向前推动,充分体现了建构作品"玩起来"的目标。在玩的过程中,隧道搭建的小问题也逐渐产生。当幼儿持有不同意见时,会及时沟通与协商,也会请他人来进行判定,帮助他们寻求最终答案。

新材料的投放增加了活动的可玩性,运动器材得到了充分利用,增强了幼儿与建构游戏的互动。让材料玩起来,引发了幼儿的思考,支持了幼儿的深度学习。

（2）适宜、适量——实现材料互动

幼儿在使用这些投放材料的过程中,教师可以鼓励他们主动发掘材料的多元价值,提倡一物多用,满足幼儿个性化的需求。

【案例五】

轩轩、书书与曼曼决定两种搭建方法都试一试，看看最终到底哪一种方法最合适。于是，他们各自选好场地进行搭建。隧道完成后，他们进行试玩，发现两种方法都适用。但隧道口升高后，游玩难度相比原先高度的隧道口更低。通过商议，他们将这两条隧道合并为一条隧道，隧道口较高的那一段为简易模式，隧道口较低的一段为困难模式，增加整体游戏的难度。经过两次改造，来玩的小朋友更多了，轩轩、书书与曼曼开心极了。

轩轩、书书与曼曼三人通过咨询教师谁的方法比较好，来决定隧道的改建方法。但教师并没有从中做出选择，而是支持他们根据自己的想法来搭建，两种都进行尝试。因此，他们又开展了新一轮的讨论及尝试，先验证各自的想法是否正确可行，再通过试玩来检验，最后调整难度将其合并为一条隧道。

借助投放的运动材料，幼儿将跨栏竖起便是高高的隧道口，横过来摆放便是困难版的隧道口。他们巧妙地利用了材料的特点，并很好地解决了积木倒在身上会受伤的问题。在整个搭建的过程中，幼儿遇到困难无所畏惧，不仅愿意倾听同伴的想法，也能坚持自己的想法，并说明理由。

2. 灵动空间

为了促进幼儿在游戏中深入学习，教师需要精心规划空间，充分利用每个角落。区域之间应保持开放性，以便孩子们在不同区域活动时能够充分利用各种材料，同时也能促进其有效地沟通与交流，从而推动他们在合作学习方面的发展。消除室内外环境的界限，可以更好地满足幼儿对游戏活动多样性和灵活性的需求。

(三) 关注情绪，拓展兴趣链

1. 游戏停滞——肯定幼儿

及时认可幼儿的行为可以增强他们的自信心，这是培养幼儿沟通能力的关键。游戏是幼儿的天性，自信的幼儿更善于与同伴互动，并保持愉快和纯真的游戏情绪。教师需要适时认可幼儿，对他们的行为给予及时的肯定或表扬，使他们相信自己能独立解决问题，帮助他们建立坚定的自信心。

2. 游戏困难——允许试错

大部分幼儿在游戏过程中遇到困难而不能解决时，往往会逐渐失去兴趣。这时，教师可适度参与到幼儿的游戏过程中，用积极的情绪陪伴幼儿，即使他们在游

戏中失败,也要鼓励他们继续探索。教师可以重点观察幼儿遇到问题后采取的措施,给予高质量的回应,或提供实物、图片等,对其进行启发,帮助他们探索问题的根源并寻找解决办法,使他们获得积极的情绪,促进他们深度学习动机层面的发展。当幼儿因为没有遇到新问题而感到无趣时,教师的激励、挑战就显得尤为重要,可以让幼儿产生新的思考并进行探究。

大班主题式结构游戏
"轨道奇遇记"

一、主题背景分析

我们一直在思考这样一个问题：主题式结构游戏该如何开展呢？或者说从哪个切入点来开启这项活动呢？三年前的一张旧照片似乎让我们窥见了其中的端倪。

当试探性地第一次走进结构室的时候，孩子们显然对此非常感兴趣，不同的轨道模式、不同的比赛方法层出不穷。

　　在赛场的一角,孩子们决定进行一次"看谁跑得快"的比赛,通过改变坡度,看谁的圆柱体积木最先滚到终点。

不同的高度,看看谁的小球滚的速度快?

结论:坡度越大,小球滚的速度越快!

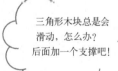

三角形木块总是会滑动,怎么办?后面加一个支撑吧!

我们意识到这些活动不仅符合孩子们的游戏兴趣，又有一定的探索性。于是，我们决定围绕"轨道"，让孩子们开展进一步的探索。

二、主题网络图

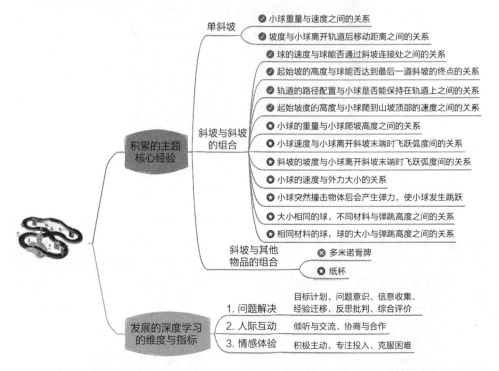

主题网络图

单斜坡
- ✔ 小球重量与速度之间的关系
- ✔ 坡度与小球离开轨道后移动距离之间的关系

斜坡与斜坡的组合
- ✔ 球的速度与球能否通过斜坡连接处之间的关系
- ✔ 起始坡的高度与球能否到达最后一道斜坡的终点的关系
- ✔ 轨道的路径配置与小球是否能保持在轨道上之间的关系
- ✔ 起始坡度的高度与小球爬到山坡顶部的速度之间的关系
- ✔ 小球的重量与小球爬坡高度之间的关系
- ✔ 小球速度与小球离开斜坡末端时飞跃弧度间的关系
- ✔ 斜坡的坡度与小球离开斜坡末端时飞跃弧度间的关系
- ✖ 小球的速度与外力大小的关系
- ✖ 小球突然撞击物体后会产生弹力，使小球发生跳跃
- ✖ 大小相同的球，不同材料与弹跳高度之间的关系
- ✖ 相同材料的球，球的大小与弹跳高度之间的关系

积累的主题核心经验

斜坡与其他物品的组合
- ✖ 多米诺骨牌
- ✖ 纸杯

发展的深度学习的维度与指标
1. 问题解决　目标计划、问题意识、信息收集、经验迁移、反思批判、综合评价
2. 人际互动　倾听与交流、协商与合作
3. 情感体验　积极主动、专注投入、克服困难

三、活动记录

名称和照片	观察和指导
活动名称 1：旋转的开关	**观察重点 1**：观察幼儿在游戏中的主动性。 **支持策略 1**：利用分享环节让幼儿将游戏经验分享给同伴，提升幼儿的自信心。 **观察重点 2**：观察幼儿的问题解决能力。 **支持策略 2**：耐心等待，给予幼儿足够的探索时间。

续　表

名称和照片	观察和指导
活动名称 2：出现新支架 	**观察重点 1：** 观察幼儿在解决问题过程中的反思能力。 **支持策略 1：** 通过提问的方式，引导幼儿发现两种支架之间的差别。 **支持策略 2：** 在分享环节中，利用同伴的力量，让幼儿尝试从不同的角度对问题进行分析，提出不同的解决方案。
活动名称 3：更省时省力的轨道 	**观察重点 1：** 观察幼儿的经验迁移能力。 **支持策略 1：** 通过谈话，引导幼儿利用生活经验，设计更省时省力的轨道。 **观察重点 2：** 观察幼儿的反思能力。 **支持策略 2：** 在分享环节中，让幼儿对自己的设计分别进行实验，在观察中发现问题并分析原因。
活动名称 4：轨道组合新玩法 	**观察重点 1：** 观察幼儿在游戏中的积极性与主动性。 **支持策略 1：** 在游戏开始前，以照片回放的形式，让幼儿回忆在前次游戏中的玩法。 **支持策略 2：** 引导幼儿对新游戏进行初步的设想并交流。

续　表

名称和照片	观察和指导
活动名称 5：出现多层轨道 	**观察重点 1：**观察幼儿的积极主动性。 **支持策略 1：**鼓励幼儿尝试用新材料搭建轨道。 **观察重点 2：**观察幼儿在游戏中的坚持性。 **支持策略 2：**鼓励幼儿遇到问题时进行多次尝试，思考小球不能进入轨道的原因。
活动名称 6：保龄球 & 小球入纸杯 	**观察重点 1：**观察幼儿的问题意识。 **支持策略 1：**通过提问的方式，了解幼儿是否真正意识到了游戏中出现的问题，是否能将问题表述清楚。 **支持策略 2：**通过同伴的力量，帮助幼儿寻找问题出现的原因，从而积累相关主题核心经验。 **支持策略 3：**游戏后鼓励幼儿继续尝试。
活动名称 7：突"围"行动 	**观察重点 1：**观察幼儿在游戏中对轨道新玩法的感兴趣程度。 **支持策略 1：**游戏开始前，组织幼儿对前次活动进行回顾。 **观察重点 2：**观察幼儿在游戏中与同伴的互动情况。 **支持策略 2：**当幼儿无法独立解决游戏中遇到的问题时，引导幼儿向同伴求助。

续 表

名称和照片	观察和指导
活动名称8:"士兵突击" 	**观察重点1**:观察幼儿在游戏中遇到困难时的情绪与表现。 **支持策略1**:教师以玩伴的身份进入游戏中,制造问题,提出挑战。 **观察重点2**:观察幼儿在游戏中遇到问题时的分析与反思水平。 **支持策略2**:通过回放幼儿的游戏照片,引导幼儿回顾游戏过程,将自己的问题和收获介绍给同伴。

四、经验总结

主题式结构游戏是指基于幼儿身心发展的特点和规律,依据幼儿生活及经验的动态变化发展,围绕某一线索(主题),充分整合各方面的教育资源,以结构游戏为基本形式,以幼儿的自发参与、探究和表达为主要形式的师生共同建构的一系列预设和生成的游戏活动。

从认知层面来看,幼儿通过对主题连续、深入的探究,能够利用高阶思维将各领域的知识融入结构游戏中,进而建立新的认知体系。从动机层面来看,游戏是幼儿最重要的活动,幼儿在游戏中的全情投入能够激发他们深入探究的兴趣和强烈的学习动机。从社会文化层面来看,通过同伴间的合作、师幼间的互动,能实现知识的共享和创新。因此,在主题式结构游戏中,幼儿能够很好地进行深度学习,而教师的支持尤为重要。下面就以主题式结构游戏"轨道"为例,阐述教师如何为幼儿创设具有探究性的游戏环境。

(一) 创设具有探究性的物理环境

想要创建一个吸引幼儿与教师一起思考和探究的环境,首先需要考虑的就是物理空间,比如时间、空间和材料等。

1. 问题一：这个空间属于谁？

在长期以来的习惯性教学方式中，我们常常为幼儿创设一个专门的结构作品区，以呈现幼儿的各类主题结构作品。但是我们不得不思考这样一些问题："这个空间属于谁？""这样的空间是不是孩子们需要的？"。

在"轨道"游戏中，当孩子们因为空间拥挤而发生争吵时，教师立刻和他们围绕游戏场地进行了一次讨论，最后孩子们得出了一致的答案：① 拆除教室里原来的主题建构区，扩大游戏场地；② 在游戏时，可以根据需要搬动桌子和椅子，或者将桌子和椅子进行组合，扩充游戏的场地。

因此，只有创设一个灵活、适用的游戏空间，才能给幼儿提供一个有趣、富有刺激性的游戏环境。

2. 问题二：操作材料受欢迎吗？

王小英教授指出，深度学习的内涵之一就是"以动手制作为依托"，即通过各种材料让幼儿动手操作、持续探究，进而实现深度学习。

在主题式结构游戏"轨道"中，孩子们前后经历了三次材料调整。

投放次数	材料名称	幼儿行为举例	思考与调整
第一次	百变积木、塑料小球、泡沫小球	幼儿将百变积木搭建成一根根长长的轨道，轨道的一端架在椅子上，从而形成一个斜坡。孩子们将塑料小球和泡沫小球从顶端释放，塑料小球顺利滚出了轨道，而泡沫小球卡在了轨道中间	最初投放的材料是教室里的现有材料，但是幼儿在游戏的过程中发现由百变积木搭建的轨道中间有凸起，对小球的滚动产生了一定的阻力，外加泡沫小球比较轻，从而导致了游戏的失败。因此，可以考虑增加小球的重量，以减少轨道的阻力，从而引发更多的游戏玩法，促进幼儿的进一步探索
第二次	在原来的基础上投放大小不同的木球、半圆形硬纸筒	当投放半圆形硬纸筒后，孩子们将长短不一的轨道进行组合，形成了"回旋轨道"，还进行了小球爬坡比赛。通过用不同的小球在不同的轨道上进行对比实验，孩子们感知了起始坡的高度与小球爬到山坡顶部的速度之间的关系，以及小球的重量与小球爬坡高度之间的关系	当投放了半圆形硬纸筒和大小不同的木球后，幼儿尝试了新的玩法，积累了新的经验。为了激发幼儿更多的游戏欲望，产生新的游戏玩法，我们尝试投放了更多的材料，期待他们有新的发现

续　表

投放次数	材料名称	幼儿行为举例	思考与调整
第三次	在第二次的基础上继续投放纸杯、纸芯桶、多米诺骨牌	孩子们到材料库找来了纸杯，又利用椅子组合成一个斜坡，玩起了保龄球。另一组孩子用纸芯桶将两根半圆形硬纸筒进行连接，形成一个山洞，又将多米诺骨牌放在轨道终点，看谁能够撞倒更多的多米诺骨牌	当投放更多的低结构材料后，果然产生了很多新的游戏，如"球入纸杯""穿越火线""士兵突击"等，丰富的材料激发着孩子们持续而又深入的探究

可见，材料的种类、数量、特性不仅影响着幼儿深度学习活动的开展，还蕴含丰富的教育价值。幼儿在寻找材料、探究材料、制订计划的过程中，形成了同伴互动、师幼互动的有效模式。在幼儿深度学习的过程中，教师突破了以往活动中将材料支持限定为材料提供的局限，赋予了幼儿更多选择材料、改造材料的权利，幼儿对材料有更大的操作权和决定权。

3. 问题三：游戏时间够不够？

有趣的材料总能吸引孩子们去不断地探索，给他们充足的时间使用材料、探索材料的不同可能性，也是必不可少的。

【镜头一】：有"漏洞"的轨道

在今天的游戏中，毛豆在原本的轨道中间制造出了一个"漏洞"，"漏洞"下面以十字形的方式摆放了一根轨道。小球从洞里掉落到下方轨道，沿着另一个方向继续滚动。

下午自由活动时，毛豆和同伴们又开始了新一轮的探究。一个小伙伴对支架进行了改造，将原本柱状的支架分成了上、下两层，通过改变轨道的高度来进行游戏。当小球从起点释放后，顺着坡度向下滚动，当坡度低的时候，小球会从"漏洞"滚落到下层轨道，而当坡度高的时候，小球不会落入"漏洞"，而是直接飞越"漏洞"，撞击轨道前方的纸杯。

从孩子们的两次游戏中，我们不难看出：正是由于教师给予了孩子们充分的自主游戏时间和机会，他们才会想到将两根轨道进行组合，实现轨道从一层到两层的升级，才能根据前期积累的经验分工合作，共同完成轨道和支架的改造。也正是由于他们的好奇心，使得轨道有了不一样的新玩法。

（二）支持具有冒险性的思维环境

当我们准备开展一个主题的时候，常常会在传统主题（学习活动下的主题）及冒险性主题（根据幼儿的想法确定的主题）之间进行抉择。但是当我们真正站在幼儿的角度去观察、去思考的时候，很容易就会发现，那些具有冒险性的想法更有助于创新性活动的出现，能为幼儿的深度学习提供更多的可能性。

1. 学会说"好的"

在正式对"轨道"主题进行探究之前，孩子们并没有意识到轨道是一个这么好玩有趣的游戏。

【镜头二】：好玩的轨道

皓皓和小伙伴们搭建了两个不同高度的斜坡，玩起了"看谁跑得快"的游戏。很快，在一阵欢呼声中，迎来了皓皓的胜利："我的坡高，速度快，我赢喽！"小宝不服："我们再来一次！"然而小宝的斜坡是由三角形和正方形木块组合而成的，因此在圆柱体滚落的过程中，上方的三角形木块发生了滑动，影响了圆柱体的滚落，怎么办？小宝立刻拿来了几块长方形木块挡在三角形和正方形木块的后面并向上垒高，一块、两块、三块……直到与斜坡的最顶端一样高。于是，轨道游戏又开始了。由此也拉开了"轨道"主题的序幕。

对于这样一个富有挑战性，同时又兼具不确定性的冒险性主题，我们常常会有些许担忧，不知道活动会带来什么样的结果，而孩子的反应就是衡量一个活动是否值得被开展的重要标准。面对挑战，我们要学会说"好的"，把接下来的问题交给孩子们。

2. 不断改变计划

当我们尊重孩子们的游戏想法、尊重他们的学习能力时，就意味着我们要不断改变自己的计划，放弃自己的想法，和孩子们一起协商接下来的新方向，并不断调整活动的内容和材料，以支持他们完成自己的计划。

活动内容	教师预设的方向	幼儿实际的游戏方向
单斜坡	1. 小球重量与速度之间的关系 2. 坡度与小球离开轨道后移动距离之间的关系	1. 小球重量与速度之间的关系 2. 坡度与小球离开轨道后移动距离之间的关系

活动内容	教师预设的方向	幼儿实际的游戏方向
斜坡与斜坡	1. 球的速度与球能通过斜坡连接处之间的关系 2. 轨道的路径配置与小球是否能保持在轨道上之间的关系 3. 起始坡的高度与小球爬到山坡顶部的速度之间的关系	1. 球的速度与球能否通过斜坡连接处之间的关系 2. 起始坡的高度与小球爬到山坡顶部的速度之间的关系 3. 小球的重量与小球爬坡高度之间的关系 4. 小球的速度与外力大小的关系 5. 大小相同、材料不同的球与弹跳高度之间的关系
斜坡与其他物品	多米诺骨牌	纸杯、多米诺骨牌

（三）引发师幼好奇和质疑的环境

幼儿天生具有好奇心，以此为驱动，他们会问各种各样的问题，思考各种答案。当教师能够珍视并回应幼儿的这些想法时，幼儿就敢于以不同的方式进行探究。

1. 引发幼儿持续的好奇心

（1）与幼儿建立学习共同体

在对同一个主题进行探究的过程中，孩子们会在游戏中遇到不同的问题，提出不同的假设，向同伴和教师描述他们的发现。从另外一个角度来说，是幼儿互相之间照亮思维的过程。在这个过程中，不仅幼儿之间产生了思维的碰撞，师幼之间同样形成了一个不停歇的学习共同体，教师的角色更主要是与幼儿并肩前行的"学习者"，而不是被依赖的"专家"。

【镜头三】："士兵突击"

大宝又想出了新玩法，在轨道的末端用两块方形积木垒高作为支架，又在不远处用圆柱体同样进行了垒高，在最上端放了一个纸杯作为目标物，在目标物和轨道支架之间用半圆形积木和长方形积木做了阻隔。原来，他是想让小球飞跃阻隔，击中目标纸杯。只见小宝拿着木球，站在小车前端，用力将木球往前一推，小球沿着轨道飞奔而出，迅速冲出了轨道，在空中划出一道弧线后成功完成了撞击。皓皓和小哲也加入其中，大家轮番尝试。

看着孩子们这么开心，教师也加入他们。教师将小车和支架往后移，问道："现在你们觉得还能击倒纸杯吗？"小宝尝试着发射小球，可是小球在空中坠落，没有撞击到纸杯。"为什么撞不到纸杯？""因为距离太远了，小球飞出去的时候从这里落下去了。"皓皓一边解释，一边用手比画着。"那怎么办呢？""可以把轨道抬高一点，这样小球落下去的时候就能碰到纸杯了。"于是，皓皓将起点的支架再次往后移，孩子们反复尝试了几次后，小球依然不能撞到纸杯。这次，皓皓旋转小车轨道，降低了轨道起点的高度，使轨道的末端位置再次升高。当皓皓再次尝试发射时，小球成功撞击到了纸杯。大家在兴奋之余，将这次撞击称为"士兵突击"。

通过这个案例我们不难发现，当孩子们全新的想法出现在教师面前时，同样引发了教师的好奇心。在与幼儿一起游戏、沟通的过程中，教师萌发了新的想法，引发了新一轮的挑战和讨论，推动幼儿的思维不断发展，建构新的知识体系。

（2）帮助幼儿建立合作的同伴关系

在主题式结构游戏中，孩子们常常独立进行探究，而帮助幼儿建立合作的同伴关系，同样能够有效支持他们进行深入探究。

【镜头四】："突围行动"

完成了纸杯撞击的游戏后，大宝又开始了新的游戏。他将轨道一端进行延长，架在"围墙"末端，这样就形成了两个反向的斜坡。大宝反复用不同的球进行游戏，然而小球始终没有冲出轨道。

"你去看看鑫鑫是怎么玩的，让他给你介绍一下。"于是，大宝走向了鑫鑫，并问道："你是怎么玩的？ 为什么小球会滚进纸杯？""这里的坡度（起始坡度）要比那里的坡度（终点坡度）高，不然小球在这里就停了。"鑫鑫指了指坡道。大宝瞬间明白了，于是对支架进行了改造，提高了一侧支架的高度，然后再次拿起小球进行了尝试。果然，大木球和小木球都能够顺利冲出轨道，而塑料小球冲出轨道的概率比较高，出现了几次脱轨的现象。

可见，要引发幼儿持续的好奇心，除了建立师幼学习共同体外，同伴之间的合作关系也是必不可少的。通过同伴之间的答疑解惑，孩子们不仅能够回顾自己的已有经验，还能从同伴身上触发新的灵感、新的经验，推动游戏不断发展与深入。

2. 回应幼儿的问题和表述

（1）持续地观察、记录与交流

一个支持幼儿进行探究的环境，离不开教师对幼儿的行为进行持续的观察、分析、反思、记录和回应。例如幼儿是如何使用材料的？幼儿和同伴是如何进行合作的？幼儿在游戏中遇到了哪些困难？幼儿在游戏中获得了哪些新奇的体验？这些都是需要我们在持续的观察后进行深入思考的。在这个过程中,我们可以用照片、摄像机、日志等方式记录思考的瞬间,然后与幼儿进行交流,推动幼儿的游戏和思维不断往深处发展。

(2)提供随时画画的机会

在主题式结构游戏中,幼儿的游戏是动态的、生成的。最重要的是,幼儿往往以小组的形式研究他们的发现,创造新的游戏。大多数时候我们无法有足够的时间去了解每一组幼儿正在进行的游戏,以及研究的新问题。这时,给幼儿提供记录的机会就成了另一种交流方式。在游戏中,孩子们可以拥有一本属于自己的游戏记录本,以画画的方式记录,用文字、符号、图像等表征他们的游戏是如何运作的。通过与自己对话,幼儿能再次理解学习内容。同时,这也成了与同伴交流的新方式。对教师而言,可以看到每一个孩子关于这个主题的个性化研究历程,从而能够更好地推动幼儿的个性化发展。

《幼儿园教师专业标准》指出,教师应提供丰富、适宜的游戏材料,支持引发幼儿的游戏;鼓励幼儿自主选择游戏内容、伙伴和材料,支持幼儿主动地、创造性地开展游戏。因此,我们要努力创设一个适宜的、可以让幼儿和教师"一起活动""产生好奇""提出疑问""不断尝试"的游戏环境,促进幼儿进行更深入的学习,和幼儿一起去探索未知的世界。

附　　录

附录一：主题式结构游戏中幼儿深度学习行为记录表

观察者：　　　　观察对象及情况：
观察时间：

维度	发展 指标	有	无	具体表现 （简要记录）
建构 行为	目标 计划			
	沟通 互动			
	问题 解决			
	求异 创新			
	团队 合作			
认知 发展	勇于 探究			

维度	发展指标	有	无	具体表现 （简要记录）
认知 发展	勤于 反思			
	批判 质疑			
	客观 评价			
	信息 意识			
情感 体验	好奇 与 兴趣			
	坚持 与 专注			
	积极 主动			
	审美 情趣			

附录二：主题式结构游戏中幼儿深度学习行为记录表(修改版)

观察者：　　　　　观察对象及情况：

观察时间：

维度	发展 指标	具体表现 (简要记录)
问题 解决 (认知 层面)	目标 计划	
	问题 意识	
	信息 收集	
	经验 迁移	
	反思 批判	
	多维 整合	
	综合 评价	

225

续　表

维度	发展指标	具体表现 （简要记录）
人际 互动 （社会 层面）	倾听与 交流	
	协商与 合作	
情感 体验 （动机 层面）	积极 主动	
	专注 投入	
	不畏 困难	

附录三：基于观察的幼儿主题式结构 游戏中深度学习的支持研究 现状调研（教师问卷）

尊敬的老师：

为了更好地推进基于观察的幼儿主题式结构游戏中深度学习的实践研究，了解您对深度学习的支持认识与态度，希望您在百忙之中抽空完成本问卷。

本问卷采取无记名方式，所有问题没有对错之分，请根据自己的实际情况如实作答。您的意见和建议将成为我们课题实践的重要参考，非常感谢您的参与和支持！

王港幼儿园

一、教师基础信息

1. 你的教龄？［单选题］

A. 1—5 年　　　　B. 6—10 年　　　　C. 10—15 年　　　　D. 15 年以上

2. 你的学历和专业？［问答题］

3. 您所在幼儿园的班级类型和班级规模？［问答题］

二、教师对主题式结构游戏中深度学习的认识现状

1. 您理解的深度学习是什么？［问答题］

2. 在您的工作中，您如何理解"主题式结构游戏"与"幼儿深度学习"的关系？［问答题］

3. 您如何评估幼儿在主题式结构游戏中的深度学习效果？［问答题］

附录四：基于观察的幼儿主题式结构游戏中深度学习的支持研究现状调研（教师访谈提纲）

一、基本信息

第 1 题　您的教龄？

第 2 题　您的学历和专业？

二、主题式结构游戏中教师观察现状

第 3 题　在主题式结构游戏中，您关注到哪些幼儿深度学习表现行为？

第 4 题　您在观察幼儿参与主题式结构游戏时，通常采用哪些观察方法？

第 5 题　这些方法是否能够帮助您全面捕捉幼儿的认知、情感和社交互动等多维度表现？

三、教师对主题式结构游戏中幼儿深度学习的支持策略

第 6 题　您觉得你们班级幼儿深度学习的哪些方面是薄弱的？

第 7 题　对于弱势，您是如何支持的？

第 8 题　您如何为幼儿提供主题式结构游戏的外部条件支持？

第 9 题　你在支持幼儿深度学习方面遇到的困难或不足是什么？

附录五:取样记录表

幼儿主题式结构游戏中专注投入时间取样记录表

幼儿姓名:　　　　　　　　　性别:　　　　　　　　　编号:
年龄段:　　　　　　　　　　观察日期:
开始时间:　　　　　　　　　结束时间:
观察地点:
背景:
观察者:

幼儿专注投入行为类别:
1. 注意分散　2. 提醒后投入　3. 专注投入　4. 其他

操作性定义:
1. 注意分散:容易被周围动静吸引,分心到与结构游戏主题无关的事物上,出现如谈论无关话题、相互玩闹、无目的摆弄或坐着不动等行为。
2. 提醒后投入:能参与游戏,当外界有干扰时会吸引幼儿注意,但在同伴或教师提醒后能回归到游戏中。
3. 专注投入:游戏中能全情投入,能始终抗拒干扰,不被周围动静所吸引,坚持投入游戏较长时间。
4. 其他:不能归属于上述四种专注投入行为。

	注意分散	提醒后投入	专注投入	其他
0—8分钟				
9—16分钟				
17—24分钟				
25—32分钟				
33—40分钟				
合计(时间)				

标志:
数字表示该时间段内相应游戏行为出现的次数。
括号内的时间表示目标行为持续的时间。

229

续　表

分析：
支持策略：

幼儿主题式结构游戏中倾听与交流时间取样记录表

幼儿姓名：	性别：	编号：
年龄段：	观察日期：	
开始时间：	结束时间：	
观察地点：		
背景：		
观察者：		

幼儿倾听与交流行为类别：
1. 无倾听无交流　2. 倾听不交流　3. 倾听并回应　4. 倾听并主动交流　5. 其他

操作性定义：
1. 无倾听无交流：不愿意倾听他人的建议或想法，且不愿交流。
2. 倾听不交流：能倾听他人的建议或想法，但沉默不交流或不围绕主题内容进行交流，且语言表述较模糊。
3. 倾听并回应：能倾听他人的建议或想法，能对他人发起的对话做出回应，且语言表述较清晰。
4. 倾听并主动交流：在活动过程中，能主动对同伴发起对话或提问，能仔细倾听他人的想法，听不懂或有疑问时能主动提问并交流。
5. 其他：不属于以上几种行为。

游戏时间段	无倾听无交流	倾听不交流	倾听并回应	倾听并主动交流	其他
0—8分钟					
9—16分钟					
17—24分钟					
25—32分钟					

续 表

游戏时间段	无倾听 无交流	倾听 不交流	倾听 并回应	倾听并 主动交流	其他
33—40 分钟					
合计（时间）					

标志：
数字表示该时间段内相应游戏行为出现的次数。
括号内的时间表示目标行为持续的时间。

分析：

支持策略：

幼儿主题式结构游戏中问题意识事件取样记录表

幼儿姓名：		性别：		编号：

年龄： 　　　　　　　　　　观察日期：
开始时间： 　　　　　　　　结束时间：
观察目标：
背景：
观察者：

幼儿问题意识类别：
1. 无问题意识　2. 沉默回避　3. 稍做尝试　4. 寻求帮助　5. 主动提问　6. 自主思考
7. 其他

操作性定义：
1. 无问题意识：当多次搭建不成功时，意识不到问题。
2. 沉默回避：当他人指出问题后仍选择沉默回避，没有做出相应调整。
3. 稍做尝试：能发现搭建过程中产生的问题，或当他人指出问题后，自己稍做尝试便放弃。
4. 寻求帮助：能发现搭建过程中产生的问题，思考未果后选择求助同伴或老师。
5. 主动提问：发现问题后能主动表达自己的疑问，并与同伴或老师进行沟通商量。
6. 自主思考：能表述遇到的问题，分析原因后对搭建行为做出相应的调整。
7. 其他：不属于以上几种行为。

续　表

编号	开始	结束	做了什么	行为类别

标志：

幼儿问题意识类别：

WW=无问题意识　　　CM=沉默回避　　　CS=稍做尝试　　　XQ=寻求帮助
TW=主动提问　　　　ZZ=自主思考　　　QT=其他

分析：

支持策略：

幼儿主题式结构游戏中目标计划行为观察记录表

幼儿姓名：	性别：	编号：
年龄： 开始时间： 观察目标： 背景： 观察者：	观察日期： 结束时间：	

幼儿目标计划行为类别：

1. 无目标计划　2. 有目标无计划　3. 有目标计划,易忽略　4. 有简单计划,呈现部分细节　5. 有详细计划,呈现整体　6. 根据目标,动态调整计划　7. 其他

操作性定义：

1. 无目标计划：没有具体的目标，忽视材料或游戏本身，毫无目的地摆弄材料。

2. 有目标无计划：能用简短的语句表达自己的意愿，但没有描述任何实施计划的细节，在游戏过程中会选择自己喜欢的材料进行搭建。

3. 有目标计划，易忽略：能用几句话表述自己的计划，能按照自己的想法选择材料，边想边做，有时会忽略自己的计划。

4. 有简单计划，呈现部分细节：有明确的目标，有简单的计划，基本能够按照自己的目标完成活动，并呈现一个或两个计划细节。

5. 有详细计划，呈现整体：有清晰详细的目标和计划，能按照计划进行搭建，并呈现三个以上计划细节。

6. 根据目标，动态调整计划：能围绕目标和计划实施搭建，并根据实际情况进行反思和调整，不断完善计划。

7. 其他：不属于以上几种行为。

编号	开始	结束	做了什么	行为类别

标志：

幼儿目标计划类别：

WW＝无目标计划　　　　　YW＝有目标无计划　　　　　YH＝有目标计划，易忽略

JD＝有简单计划，呈现部分细节　　　　　XX＝有详细计划，呈现整体

TZ＝根据目标，动态调整计划　　　　　QT＝其他

分析：

支持策略：

图书在版编目（CIP）数据

观察·支持·成长：解锁幼儿主题式结构游戏中的
深度学习 / 申晨著. -- 上海：文汇出版社，2025.5.
ISBN 978 - 7 - 5496 - 4497 - 1

Ⅰ. G612

中国国家版本馆 CIP 数据核字第 2025QA2021 号

观察·支持·成长：

解锁幼儿主题式结构游戏中的深度学习

作　　者／申　晨

责任编辑／张　涛　盛　纯

封面装帧／梁业礼

出 版 人／周伯军

出版发行／🅜文匯出版社

上海市威海路 755 号　（邮政编码：200041）

经　　销／全国新华书店

排　　版／南京展望文化发展有限公司

印刷装订／上海新文印刷厂有限公司

版　　次／2025 年 5 月第 1 版

印　　次／2025 年 5 月第 1 次印刷

开　　本／720mm×1000mm　1/16

字　　数／258 千字

印　　张／15.25

ISBN 978 - 7 - 5496 - 4497 - 1

定　　价／70.00 元

· 版权所有　侵权必究 ·